초끈이론

아인슈타인의 꿈을 찾아서

차례
Contents

제2장 21세기의 초끈이론의 발전

개정판에 즈음하여

2004년에 이 책의 초판을 출간한 후 거의 20년이 흘렀다. 그사이 초끈이론은 눈부신 발전을 보였다. 그리고 그 발전 방향은 초판 출간 당시 예상하지 못한 부분들이 많았다. 초판의 마지막 챕터이자 개정판 제1장의 마지막 챕터인 '초끈이론의 과제'에서 초끈/M이론이 해결해야 할 난제로 '초대칭성', 'M이론의 구축', '정보손실', '우주론: 우주상수'를 들었다. 이 중에서 'M이론의 구축'에 대해서는 일정 부분 발전이 있었다고 생각한다. 하지만 이는 또 다른 난제인 4차원 AdS 시공간과 연관된 홀로그래피 문제를 해결함으로서 가능해졌다. '무장력 끈이론'이나 '4차원 게이지장론을 통한 블랙홀 엔트로피의 설명' 등도 오래된 난제였다. 이를 통해서 초끈이론에 대한 우리의 이해는 훨씬 더 풍부해졌다. 따라서 이러한 발전을 기술하는 것은 현시점에서 매우 의미 있는 일이라 하겠다. 또한 이 책의 제2장에 기술된 내용에는 한국의 물리학자들도 중요한 공헌을 하였기 때문에 이를 기록하는 것이 더욱더 값어치 있다고 생각한다. 초끈이론은 워낙 방대한 분야라서 2004년 이후의 모든 발전상을 다 기술하는 것은 불가능하다. 여기서 기술된 내용은 어느 정도는 개인적인 관점이 반영된 것임을 밝혀둔다. 끝으로 개정판의 초고를 검토해주신 서울대학교 김석 교수님께 감사드린다.

2022년 12월
저자 씀

•

제1장

20세기의 현대물리학과

초끈이론의 발전

왜 초끈이론인가

아인슈타인의 꿈 : 통일장이론

1905년에 특수상대성이론을 발표하고 1915년에 일반상대성이론을 발표하여 20세기 물리학의 형성에 지대한 공헌을 한 아인슈타인은 그 후 그의 여생을 두고 물리학의 중요한 한 문제와 씨름하였다. 그 문제는 바로 중력과 전자기력을 통합하여 설명하는 것이었다.

중력과 전자기력은 우리가 일상에서 흔히 관찰할 수 있는 힘이다. 사과가 땅에 떨어지거나 지구가 태양의 주위를 도는 것은 바로 물체들 사이에 작용하는 중력 때문이다. 그런가

하면 전하를 띤 물체 사이에 작용하는 힘은 전기력에, 막대자석에 쇠가 달라붙는 것은 자기력에 기인한다. 이 둘을 통칭해서 전자기력이라 부른다.

중력과 전자기력 사이에는 여러 가지 비슷한 점들이 많이 있다. 중력과 전기력은 두 물체 사이의 거리의 제곱에 반비례한다는 사실도 그러한 비슷한 점들 중의 하나이다. 아인슈타인은 이들 중력과 전자기력이 통합된 이론을 통일장이론이라 명명하였다. 그러나 아인슈타인은 그의 생전에 통일장이론을 완성하지 못하였고, 이의 완성은 그의 뒤를 잇는 물리학자들의 몫이 되었다.

아인슈타인이 통일장이론을 생각할 당시, 자연계에 존재하는 것으로 알려진 힘들은 중력과 전자기력뿐이었다. 따라서 그가 통일장이론을 생각한다는 것은 자연계에서 일어나는 상호작용을 관통하는 원리를 발견하고자 하는 시도였다. 이러한 시도가 성공하면 우리는 우주 삼라만상을 지배하는 물리학적 원리를 알게 되는 것이고, 그것은 곧 '자연은 무엇으로 이루어져 있는가'라는 고대 그리스 자연철학자들의 자연의 근원적 원리에의 열망에 대한 현대적 화답이라 할 것이다.

그러나 20세기 중반 이후의 새로운 실험들을 통하여 자연계에는 중력과 전자기력 이외에도 약력과 강력이라는 힘이 존재한다는 사실이 밝혀졌다. 약력과 강력은 그 상호작용이 미시세계의 원자핵과 같은 짧은 거리에서 일어나기 때문에 일상생활에서는 관측하기가 힘들다. 하지만 이들은 원자보다도 더 작은 미시세계의 구조 형성에 매우 중요한 역할을 한다. 따라서 우리가 통일장이론을 원한다면 이러한 네 가지 힘(중력, 전자기력, 약력, 강력)을 통합해서 설명하는 이론을 만들어야 할 것이다.

초끈이론은 이러한 통일장이론에 대한 중요한 제안으로서, 그 이론의 타당성이 실험에 의해 검증되어야 할 것이다. 초끈이론의 이론적 구조에 대한 설명을 하기 위해서는 20세기에 이루어졌던 물리학의 발전에 대한 어느 정도의 이해가 필요하며, 이 책에서도 이러한 발전에 대한 논의가 상당한 부분을 차지한다.

특수상대론과 양자역학

20세기 현대물리학의 기본적 토대는 특수상대성이론과 양자역학이다. 두 이론 모두 우리가 가지고 있는 상식적인 세계에 관한 개념들이 특정한 영역을 벗어나게 되면 들어맞지 않는다는 사실을 보여주었다. 즉 특수상대성이론은 물체의 속도가 광속(약 초속 30만 km)에 충분히 가깝게 움직일 때 시간이 천천히 간다든가 물체의 길이가 짧아 보인다든가 하는 일이 일어남을 보여주었다. 특수상대성이론에 따르면 시간과 공간 사이에는 매우 밀접한 관계가 존재하며, 이 때문에 3차원 공간과 시간을 결합하여 4차원 시공간을 생각해야 한다.

반면 양자역학은 원자나 그보다 더 작은 미시세계에서의 물리현상을 기술하는 이론이다. 이러한 미시세계에서는 우리가 일상세계에서 연속적인 양으로 생각했던 것들이 실은 불연속적인 양들로 기술된다. 또 미시세계의 물리적 대상은 일상세계에서 전혀 다르게 느껴지는 '입자'와 '파동'이라는 두 속성을 동시에 가지게 된다. 이 밖에도 미시세계에서는 물체의 속도와 위치를 동시에 정확히 측정하는 데 근원적인 한계가 있음이 하이젠베르크(Heisenberg)에 의해 밝혀졌다. 이를 불확정성의 원리라고 부른다. 자연의 상호작용을 기술하려는 모든 물리학이론은 특수상대성이론과 양자역학을 바탕으로 해서 기술되어야 한다.

뉴턴의 중력이론은 물체의 속도가 광속보다 훨씬 느린 경우에 적용되는 이론으로서, 물체의 속도가 광속에 충분히 가깝게 움직이는 경우에는 수정되어야 한다. 아인슈타인의 일반상대성이론이 바로 뉴턴의 중력이론과 특수상대성이론을 결합시킨 이론이다. 일반상대성이론에 따르면, 물질이 존재하면 그 물질이 갖는 에너지에 의해서 시공간이 휘게 된다. 이러한 시공간의 휘어짐이 극단적으로 나타나는 경우가 바로 블랙홀로서, 블랙홀에 들어간 모든 물질들은 다시 밖으로 나올 수 없는 특이한 성질을 지녔다.

1930년대에 완성된 양자역학은 물체의 운동이 광속보다 매우 작은 속도로 움직이는 경우를 기술한다. 그러나 물체의 속도가 광속에 가까운 경우 양자역학의 기술은 수정되어야 한다. 아인슈타인의 특수상대성이론에 따르면 물체는 정지해 있을 때에도 (물체의 질량을 m, 광속을 c라고 할 때) mc^2만큼의 에너지를 가진다. 물체의 속도가 광속에 가깝게 움직일 때는 이보다 훨씬 큰 에너지를 갖는다. 재미있는 것은 자연계에 존재하는 모든 입자에 대해서는 질량이 같으면서 전하가 반대인 반입자가 존재해서, 입자와 반입자가 같이 생성될 수도 있고 같이 소멸될 수도 있다는 점이다. 입자와 반입자의 생성을 위해서는 적어도 $2mc^2$의 에너지가 필요하다. 물체의 속도가 광속보다 충분히 작은 영역에서는 이러한 일이 생길 수 없지만 그 반대의 경우에는 입자와 반입자가 생성, 소멸하는 일이 있을 수 있다. 즉 양자역학과 특수상대성이론을 결합시킨다면, 우리는 입자와 반입자의 개수가 얼마든지 많아질 수 있는 경우도 기술할 수 있어야 한다.

바로 이러한 기술을 가능케 한 것이 양자장론이다. 양자장론은 무한개의 입자와 반입자들의 생성과 소멸을 다룰 수 있다. 1970년대 이후에 발전된 입자물리학의 발전에 의해 전자기력과 약력, 강력은 모두 양자장론의 범위에서 기술되어졌으며, 이 이론을 표준 모델(standard model)이라고 부른다.

일반상대론과 양자역학의 결합 : 초끈이론

중력을 다루는 일반상대성이론은 거시세계를 기술하는 이론으로서 미시세계를 다루는 양자역학과의 결합이 요구된다. 그러나 중력과 양자역학의 결합은 양자장론의 범위 내에서 이루어지지 않는다. 그것은 새로운 이론체계를 요구한다. 초끈이론은 바로 이러한 요구를 만족시켜주는 이론이다. 초끈이론의 출발점은 매우 간단하다. 앞에서 언급한 네 가지 힘들이 작용하게 되는 기본 단위를 우리는 소립자(elementary particle)라 부른다. 전자가 이의 가장 친근한 예이고, 원자핵을 이루는 중성자나 양성자는 쿼크(quark)라는 기본 입자 세 개가 모여 형성된 것이다. 이러한 소립자들은 양자장론에서는 내부구조가 없는 점입자(point particle)로 생각되었다. 즉 소립자는 단지 질량을 갖는 점으로 여겨졌다.

그러나 끈이론의 입장에서 소립자는 끈이 진동하면서 만들어내는 특별한 파동으로서, 양자역학의 입자와 파동의 이중성에 의해서 입자로 해석될 수 있는 것이다. 재미있는 것은 중력을 매개하는 중력자도 바로 끈의 진동에 의해서 나온다는 사실이다. 끈이론 자체는 양자장론의 범위에서 쉽게 기술된다. 결국 자연을 이루는 궁극 요소가 점입자가 아니라 끈이라는 데서 일반상대론의 양자적 기술이 가능한 것이다. 그러나 이 끈은 매우 작아서 그 크기가 10^{-31}cm 정도 되는 것으로 생각된다. 그러므로 우리가 소립자를 단순히 점으로 생각해온 것도 무리는 아닐 것이다. 여기서 초끈이론의 '초'는 자연계에 존재할 것으로 생각되는 중요한 대칭성의 하나인 '초대칭'을 갖는 끈이론이라는 의미이다. 초대칭에 관해서는 뒷장에서 설명할 것이다.

초끈이론의 구조와 이론적 결과들

초끈이론의 기본적 구조

초끈이론은 10차원의 시공간에서 정의되는 이론이다. 여기서 10차원은 초끈이론의 양자이론으로서의 정합성을 요구하면 결정된다. 단순히 이론적 무모순성이 그 이론이 정의되는 차원을 결정한다는 것은 매우 재미있는 일이다. (이에 대해서는 이 책의 66쪽 '다섯 가지 초끈이론'에서 보다 자세한 논의가 있을 것이다.) 뿐만 아니라 비슷한 이론적 무모순성은 초끈이론에서 얻을 수 있는 입자들의 종류를 정확히 결정해버린다. 실제로 끈이론에는 임의로 조절할 수 있는 양이 단 하나만 존재한다. 이는 끈의 섭동론에서 등장하는 섭동전개상수이다. 뒤에서는 결합상수라는 용어를 쓰기도 한다.

섭동론이란 정확히 알려지지 않은 양을 근사적으로 계산하는 방법이다. 가령 $1.99877\cdots = 1 + 0.9 + 0.09 + 0.008 + \cdots$ 과 같은 경우를 생각해보자. 양자장론과 끈이론에서 사용되는 섭동론은 위의 예에서 왼쪽 수의 정확한 값은 모르지만 그 수의 근사치를 오른쪽 식처럼 차례차례 계산하는 방법이다. 전개상수는 끈이론에서 존재하는 여러 입자들의 상호작용의 크기를 결정한다. 섭동전개상수의 크기가 작으면 상호작용의 크기가 작아서 섭동론으로 다루기 용이하고, 전개상수의 크기가 크면 다루기가 힘들다. 즉 전개상수의 크기가 작으면 계산을 많이 하지 않아도 정확한 값에 충분히 가까운 값을 얻을 수 있다.

10차원에서 존재하는 초끈이론은 모두 다섯 가지이며 (87쪽 그림 참조), 모두가 중력을 매개하는 중력자를 끈의 진동으로 포함하고 있어서 일반상대론과 양자역학의 결합이 자연스레 이루어진다. 하지만 왜 다섯 가지나 되는 이론이 존재해야만 하는가라는 의문이 남는다. 과연 그 중에 어느 이론이 정말 자연을 기술하는 이론이며, 왜 그 이론만이 자연을 기술하여야 하는가라는 물음에 대한 해석이 필요하다.

또 다른 의문은 10차원의 초끈이론을 우리가 사는 4차원의 물리학과 연결시키는 데에서 제기된다. 10차원 시공간에서 4차원 시공간을 얻기 위해서는 나머지 6차원을 매우 작게 만들어야 한다. 그런데 현재 끈이론에서의 한 가지 문제점은 이러한 6차원 공간의 가능성이 너무나 많고, 이 가능성 중에 왜 특정한 경우를 택해야 하는가에 대한 답을 주지 못한다는 데 있다.

하지만 1990년대 초끈이론의 연구에서는 왜 이 이론이 10차원에서 다섯 가지로 존재해야 하는지에 대한 의문은 해소시켜주었다. 새로운 연구 결과에 따르면 다섯 가지 초끈이론은 그보다 한 차원 더 높은 11차원에서 정의되는 M이론의 특별한 경우들이다. 재미있는 것은 초끈이론의 섭동전개 상수의 크기가 11차원에서 10차원을 제외한 나머지 한 차원의 크기와 연결된다는 사실이다. 즉 전개상수의 크기가 훨씬 작은 경우 그 한 차원의 크기가 너무 작아 관측되지 않고, 따라서 끈이론이 10차원에서 정의되는 것으로 보이는 것이다. 반면 전개상수가 클 경우는 한 차원의 크기가 커서 이론이 11차원에 존재하는 것으로 보이게 된다.

블랙홀의 엔트로피와 홀로그래피

그러면 이러한 초끈이론의 발전에서 우리가 새로이 얻은 것은 어떤 것들이 있는지 물어볼 수 있을 것이다. 중력이론을 양자역학과 결합시켰다는 것(이런 이론을 양자중력이론이라 부른다) 자체만으로도 초끈이론의 가치는 충분한 것이지만, 바로 그 때문에 초끈이론은 양자중력이론 분야에서 중요한 문제들을 해결할 수 있었다.

첫 번째가 바로 블랙홀 엔트로피(열역학에서 물질의 가능한 상태의 수를 나타내는 양)의 정량적 설명이다. 일반상대론의 발전으로 블랙홀의 성질에 대한 연구가 활발히 이루어졌다. 이러한 연구의 한 결론이, 블랙홀은 엔트로피를 가진다는 것이다. 일반적인 물리계에서의 엔트로피에 대한 양자적 설명은 엔트로피가 그 물리계가 가질 수 있는 가능한 양자 상태의 수와 연관된다는 것이었다. 일반상대론 자체는 양자이론이 아니므로 블랙홀의 엔트로피를 양자적으로 설명할 수 없다. 그러나 초끈이론은 적어도 특별한 경우의 블랙홀에 대해서는 그 블랙홀이 가질 수 있는 양자 상태를 세어서 일반상대론에서 계산된 블랙홀의 엔트로피 공식과 일치함을 보였다. 즉 양자중력이론으로서의 초끈이론의 유용성을 증명해 보인 셈이다.

블랙홀 엔트로피가 갖는 재미있는 특징은 엔트로피가 블랙홀의 표면적에 비례한다는 점이다. 이는 보통의 물리계가 갖는 엔트로피의 성질과 매우 다른 점이다. 중력이 포함되지 않은 물리계의 엔트로피는 그 계의 부피에 비례한다. 보통의 물리계에서는 부피가 늘어나면 그만큼에 비례하여 물리계가 가질 수 있는 자유도가 늘어나기 때문이다.

이러한 특징에 착안하여 중력계의 양자 상태에 관한 홀로그래피이론이 제창되었다. 홀로그래피이론에 의하면 특정한 중력이론은 그보다 한 차원 낮은 비중력이론과 상응성이 있다. 즉 가능한 양자 상태의 개수가 두 이론 사이에 같으며, 이들 상태들 간에 일대일 대응을 시킬 수 있다는 것이다.

물리학을 공부해보면 보통의 양자장론과 중력이론은 매우 다르게 보인다. 특히 중력이론과 양자역학의 결합은 양자장론의 바탕에서 이루어지는 것이 아니다. 그런데 홀로그래피이론은 전혀 다르게 보이는 이론의 상응성을 이야기하는 것이므로 주장 자체가 매우 획기적이다. 이러한 홀로그래피이론은 끈이론에서의 구체적인 계산들을 통하여 그 타당성이 입증되었다. 초끈이론이 양자중력이론의 중요한 측면들에 대한 해설을 제공한 것이다.

초끈이론의 기하학 : 코페르니쿠스적 전회?

근대 철학의 한 획을 그었던 유명한 철학자 칸트는 『순수이성비판』에서 뉴턴의 물리학적 체계를 포함한 인식론의 체계를 완성하려고 시도하였다. 여기서 특기할 점은 시간과 공간이 선험적으로 주어진 것으로 기술되었다는 사실이다.

시간과 공간의 구조가 근본적이라는 이러한 생각은 21세기에 와서도 널리 받아들여지는 개념이다. 하지만 끈이론이 제시하는 바에 따르면 시공간은 근본적인 개념이 아닌 2차적인 개념이다. 끈이론에서 시공간은 특정 이론이 가질 수 있는 가능한 상태들로부터 유래된다. 끈이론의 전개상수의 크기가 한 차원의 크기와 관계가 있는 것처럼, 끈이론이 가질 수 있는 여러 가지 가능한 상태들이 시공간의 점들을 나타내게 된다. 끈이론은 이러한 시공간의 이해에 대한 급진적인 해석의 가능성을 제공한다.

또한 끈들이 보는 기하학은 보통 우리들이 지각하는 기하학과 많은 차이가 있다. 그 하나가 끈이 볼 수 있는 최소의 길이가 있다는 점이다. 즉 한 차원의 크기가 그 최소 길이보다 더 작아지는 경우, 끈은 그 차원의 크기가 더 커지는 것으로 인지한다는 것이다. (이외에도 여러 가지 경우가 뒷장에서 논의되고 있다.)

또 시공간의 크기가 10^{-33}cm 정도의 플랑크 길이가 되는 경우, 보통 우리가 아는 시공간이란 존재하지 않는다. 이때에는 양자중력의 효과가 매우 커서 시공간의 구조가 매우 빠르게 요동치는 상태가 된다. 이러한 극심한 요동에 의해서 시공간은 일종의 거품 모양을 띠게 되는데, 이러한 플랑크 길이에서의 물리학도 특별한 경우에 끈이론에서 기술되고 있다.

초끈이론은 이와 같이 중력의 양자적 효과에 대한 많은 혜안을 제공함으로써 시공간에 대한 우리의 이해를 고양시키고 있다. 이러한 근원적인 것에 대한 이해의 틀을 제공하는 초끈이론은 인간이 지난 수천 년 동안 탐구해왔던 자연의 이해에 대한 열정의 한 측면을 담고 있다.

끈이론이 앞으로 다가올 실험적 검증을 통하여 가일층 원숙한 이론으로 다듬어지기를 기원하며, 필자들은 미약하나마 여기에 쓰인 내용들이 독자들의 끈이론에 대한 이해를 도울 수 있기를 바란다. 그러면 초끈이론의 이해에 필요한 여러 물리학의 분야들과 초끈이론 자체에 관해 좀더 자세히 살펴보자.

특수상대론

19세기 말에 물리학자들의 관심을 사로잡았던 문제의 하나가 맥스웰전자기 방정식으로부터 유도된 전자파의 속도였다. 요즈음 우리가 라디오나 텔레비전에서 듣거나 보는 신호들은 모두 전(자)파를 통해서 방송국으로부터 보내진다. 이 전파는 1초에 약 30만 킬로미터의 속도로 움직인다. 문제는 이 속도가 무엇에 대해서 초속 30만 킬로미터인가 하는 것이었다.

우리가 고속도로에서 시속 60킬로미터로 달린다고 하면 이는 고속도로에 정지한 사람에 대해서 시속 60킬로미터로 달린다는 것을 의미한다. 그러나 우리가 고속도로에서 시속

60킬로미터로 달리면서 다른 쪽 방향에서 시속 60킬로미터로 달리는 차를 보면, 그 차는 마치 시속 120킬로미터로 달리는 것처럼 보인다. 이러한 일상적 경험에 비추어볼 때, 어떤 물체의 속도는 관측하는 사람에 따라 다르다는 것을 알 수 있다. 따라서 빛이 초속 30만 킬로미터로 달린다고 하면 이는 특정한 관측자에 대해서 이만큼의 속도를 갖는다고 말하는 것이 합당해 보인다. 이러한 상대속도의 개념은 뉴턴 역학체계의 근간을 이루며, 이를 아인슈타인의 상대성개념과 대비시켜 갈릴레이의 상대성이라고도 부른다.

그러나 아인슈타인이 1905년에 발표한 특수상대성이론에 의하면 빛의 속도에 충분히 가까운 속도로 움직이는 물체들의 상대속도는 우리들이 일상생활에서 경험하는 상대속도와는 전혀 다른 양상을 띤다. 이는 기존의 뉴턴 역학이 근본적으로 수정되어야 함을 의미한다.

물체들이 빛의 속도로 움직이는 세계

특수상대성이론의 가장 중요한 요체는 '빛은 모든 등속으로 움직이는 관측자에 대해 같은 속도로 움직인다'이다. 우리가 보통 빛이라고 말하는 것은 그 파장이 가시광선의 영역에 있는 것이나, 전자파도 파장이 가시광선보다 훨씬 긴 빛의 일종이며 병원에서 이용되는 X선과 적외선, 자외선도 빛의 일종이며 파장만이 다를 뿐이다. 이 모든 빛들이 위에서 말한 것과 같은 우리의 직관과 다른 행태를 보인다. 특수상대성이론에 따르면 우리가 고속도로에 대해서 초속 20만 킬로미터로 달리고 반대쪽 차선에서 다른 차가 초속 20만 킬로미터로 달리면, 그 차는 우리가 보기에 초속 40만 킬로미터로 달리는 것이 아니라 초속 28만 킬로미터로 달리는 것처럼 보인다. 이와 같이 언뜻 보아서 우리의 직관과 상반된 결과는 무엇을 말해주는 것일까? 바로 우리의 상대속도에 대한 직관이 움직이는 물체의 속도가 매우 빨라서 빛의 속도와 비슷

먼저 일어난 일이 나중에 일어나고

나중에 일어난 일이 먼저 일어난다

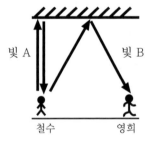

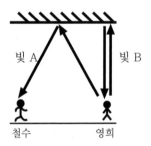

철수가 정지한 입장에서 본 경우.　　　영희가 정지한 입장에서 본 경우.

할 경우에는 적용되지 않음을 의미한다. 그러면 물체들이 빛의 속도에 충분히 가깝게 움직이는 세계는 어떻게 보일까? 다음과 같은 생각을 통해서 재미있는 몇 가지 결과들을 도출해보자.

철수와 영희가 아무것도 없는 우주 공간에서 자기 머리 위로부터 120만 킬로미터 떨어진 곳에 기다란 거울을 설치했다. 철수는 정지해 있고 영희는 초속 18만 킬로미터의 일정한 속도로 움직인다. 철수는 빛 A를 자기 머리 위로 똑바로 쏘아올리고 빛 B는 비스듬히 쏘아서 영희가 볼 때 언제나 영희 머리 위에 있게 한다. 철수의 입장에서는 빛 A가 움직인 거리가 빛 B가 움직인 거리보다 짧아서 빛 A가 자기에게 도착한 사건이 빛 B가 영희에게 도착한 사건보다 먼저 일어난다. 구체적으로 빛 A는 거울에 도착하는 데 4초(120만 킬로미터를 빛의 속도 초속 30만 킬로미터로 나누어주면 된다) 걸리고 다시 반사되어서 오는 데 4초 걸려서, 8초 만에 철수에게 돌아온다. 하지만 철수의 입장에서 빛 B는 거울에 도달하는 데 5초 걸리고 다시 반사되어서 영희에게 오는 데 5초 걸려서, 도합 10초가 걸린다.

반대로 이제 영희의 입장에서 빛 A와 빛 B를 관찰해보자. 영희의 입장에서는, 자기는 정지해 있고 철수가 초속 18만 킬로미터의 속도로 움직인다. 빛 B는 자기 머리 위에서 똑바로 쏘아올려졌고 빛 A는 비스듬히 쏘아올려져서 언제나 철수 머리 위에 있게 된다. 중요한 점은 영희에게도 빛은 초속 30만 킬로미터로 움직이므로 영희의 입장에서 볼 때 빛 B가 거울에 도착하는 데 4초 걸리고 반사해서 돌아오는 데 4초 걸려서, 8초 만에 영희에게 돌아온다.

반면 빛 A는 비스듬히 움직여서 빛 B보다 더 먼 거리를 가야 하며, 빛 A가 거울에 도달하는 데 5초, 반사해서 철수에게 돌아오는 데 5초 걸려서, 10초 후에 빛 B가 철수에게 도달한다. 즉 철수가 보았을 때는 빛 A가 빛 B보다 먼저 도달하고, 영희가 보았을 때는 빛 B가 빛 A보다 먼저 도달한다. 즉 사건들의 선후가 관측자에 따라서 바뀌게 된다!

움직이는 물체에서는 시간이 천천히 간다

위에서 철수가 정지한 입장에서는 빛 B가 영희에게 도착하는 데 10초 걸렸지만, 영희가 그녀의 시계로 도착한 시간을 재면 8초 걸린다. 즉 움직이는 영희의 시계는 철수의 시계보다 천천히 간다. 마찬가지로 영희가 정지한 입장에서는 빛 A가 철수에게 도착하는 데 10초 걸렸고 철수의 입장에서는 빛 A가 자기에게 도착하는 데 8초 걸렸으므로 역시 움직이는 시계가 천천히 간다. 재미있는 것은 철수와 영희가 똑같이 상대방의 시간이 천천히 간다고 관측한다는 점이다.

둘이 등속으로 움직이는 한, 이러한 관측은 비록 이상하게 보이지만 올바른 물리적 사실이다. 특수상대성이론에서는 이와 같이 우리의 직관과는 상치되어 보이지만 실은 실험적으로 검증된 올바른 사실들이 여럿 있다. 위의 예에서 철수가 다시 되돌아와서 그의 시계와 영희의 시계를 비교해보는 실험을 가정해보자. 이 경우 비교 당시에는 철수의 시계가 천천히 간 것을 알 수 있다. 이때 철수와 영희의 차이점은, 철수가 돌아오기 위해서는 감속을 해야 한다는 것이다. 이는 위에서 여러 결과들을 도출하는 데 사용한, 관측자가 등속운동한다는 가정이 철수에게 더 이상 적용되지 않는다는 것을 말해준다. 일반적으로 감속이나 가속하는 물체의 운동은 일반상대론을 이용해서 기술된다. 비슷한 예로서 로켓을 타고 광속에 충분히 가까운 속도로 운동하고 다시 지구로 돌아오면 로켓에 있던 사람들은 먼 미래의 지구를 보게 된다. 즉 미래로의 시간여행이 가능한 셈이다!

움직이는 물체는 짧아 보인다

앞의 예에서 보았듯이 물체의 속도가 충분히 빛의 속도에 가깝게 움직이면 우리가 아는 시간의 개념이 많이 달라짐을 알 수 있다. 이러한 세계에서는 또한 거리의 개념도 많이 바뀌게 된다.

예를 들어 영희가 긴 막대를 그녀의 차에 달고서 움직인다고 생각해보자. 이 경우 철수는 긴 막대의 앞과 뒤가 그의 곁을 지나갈 때의 시간을 측정해서 막대의 길이를 재려고 할 것이다. 이때 영희의 입장에서는 철수가 움직이면서 시간을 재므로 막대의 앞과 뒤가 통과하는 사이의 시간이 철수의 경우보다 더 적게 걸릴 것이다. 막대의 길이는 막대의 속도에 관측된 시간을 곱해주면 되므로 철수가 본 막대의 길이는 정지한 경우 측정한 막대의 길이보다 더 짧아 보인다.

위의 예들에서 아인슈타인의 특수상대성이론은 우리가 일상의 경험에서 가졌던 시간과 공간의 개념이 근본적으로 바뀌어야 함을 보여준다. 이는 움직이는 물체들의 속도가 우리가 보통 관측하는 물체들의 속도보다 훨씬 빠른 경우에 해당된다. 한편 물체들의 크기가 매우 작아지는 영역에서도 또한 우리의 직관에 어긋나는 일들이 벌어진다. 이에 대한 설명은 양자역학에 의해 주어진다.

4차원의 세계

특수상대성이론을 이야기할 때면 으레 들려오는 말이 4차원이다. 보통 알려진 대로 1차원은 선, 2차원은 평면, 3차원은 보통 우리가 사는 공간이다. 이러한 선, 면, 입체의 특정한 점을 표시하기 위해서는 각각 1, 2, 3개의 다른 숫자가 필요하다. 특수상대성이론의 4차원이란 우리가 사는 3차원 공간의 점을 표시하는 세 개의 숫자 이외에 시간을 더 첨가하여 네 개의 숫자가 필요하다는 의미에서의 4차원이다. 뉴턴 역학에서도 물체의 운동을 기술하려면 각 시각에 대해서 물체의 위치를 표시해야 하므로 네 개의 숫자가 필요하다. 하지만 뉴턴 역학에서는 공간과 시간 사이에 전혀 연관성이 없기 때문에 이러한 4차원의 개념이 중요하지 않았다. 반면 특수상대성이론에서는 공간과 시간 사이에 불가분의 관계가 있기 때문에 4차원의 개념이 중요하다.

이때 중요한 것이 거리의 개념이다. 막대의 한 점에서 다른 점 사이를 잇는 거리는 피타고라스의 공식에 의해서 주어진다. 이 두 점 사이의 거리는 우리가 이 두 점을 재는 데 사용한 좌표계와 상관없이 일정하다. 우리가 두 점 사이의 거리를 재는 데 사용한 좌표계를 회전시킨다고 해도 두 점 사이의 거리는 변하지 않는다. 마찬가지로 아인슈타인의 특수상대성이론에서는 시간과 공간을 동시에 고려한 거리의 개념, 즉 4차원 시공간에서의 거리의 개념이 중요하다. 4차원 시공간에서의 거리는 시간축을 포함하고 있기 때문에 우리가 상상하기 힘들다. 4차원 시공간에서의 점은 '사건'이라고 불린다. 영희가 아침 아홉시에 학교 정문에 있었다면, 3차원 공간에서의 교문이라는 공간의 위치와 아침 아홉시라는 시간을 명시해야만 4차원 공간의 한 점을 표시할 수 있다.

이러한 4차원 시공간의 두 점 또는 두 사건에 대해서 우리는 3차원에서 했던 것처럼 거리라는 개념을 정의할 수 있다. 차이점은 3차원에서의 거리는 언제나 0보다 크지만 4차원 시공간에서는 거리가 양수도 음수도 될 수 있다는 점이다. 아마 '거리'라는 단어 대신 '유사 거리'라는 단어를 사용하는 것이 더 적합할 것이다.

하지만 4차원에서의 거리도 3차원에서처럼 적당한 좌표계의 회전에 대해서 불변한다. 재미있는 것은 한 좌표계가 다른 좌표계에 대해서 등속으로 움직이는 경우도 좌표계의 회전으로 간주할 수 있다는 점이다. 이때의 회전은 시간축과 공간축의 회전이다. 3차원 공간에서 사용하는 거리, 좌표계의 회전이라는 말을 4차원의 시공간에 사용한다는 것이 이상하게 들릴 것이다. 그러나 이처럼 3차원의 기하학적 구조가 4차원의 시공간에도 존재한다는 것은 매우 중요한 발견이었다. 이를 처음 발견한 사람은 수학자 밍코브스키(Minkowski)이고, 아인슈타인의 특수상대성이론이 성립하는 공간을 밍코브스키 공간이라고 부른다.

위에서 언급한 4차원 시공간에서의 거리 개념과 이 거리가 특정한 4차원 좌표계의 회전에 대해서 불변한다는 사실로부터 특수상대성이론의 모든 결과들을 유도할 수 있다. 이러한 관점에서 보면 아인슈타인의 특수상대성이론은 4차원 시공간의 기하학적 구조에 관한 이론이라고도 말할 수 있다. 이러한 기하학적 관점은 특히 아인슈타인의 일반상대성이론의 형성에 중요한 역할을 한다.

E=mc²

우리가 사는 세계가 4차원의 시공간에 의해서 기술된다는 사실은 우리가 아는 여러 물리학적 현상이나 개념들이 물체의 속도가 광속에 충분히 가까울 경우 수정되어야 함을 의미한다. 처음 서두에서 언급한 전자파의 속도가 등속으로 움직이는 모든 관측자에게 동일하게 초속 30만 km로 관측된다는 것이 그 단적인 예이다. 또 하나 수정되어야 하는 것이 에너지에 관한 공식이다.

중·고등학교 때 물리를 배운 사람들이면 물체의 운동에너지가 물체의 질량 m과 속도 c의 제곱에 비례한다는 공식을 들어본 일이 있을 것이다. 이 운동에너지의 공식은 물체의 속도가 광속보다 충분히 작은 경우에 성립하는 것이고,

물체의 속도가 광속에 충분히 가까우면 수정되어야 한다. 수정된 바른 공식에서 우리는 두 가지 재미있는 사실을 발견할 수 있다.

첫째, 물체의 속도가 광속에 접근하면 물체의 에너지는 점점 커지고, 물체의 속도가 광속이 되는 경우 물체의 에너지는 무한대가 된다. 세상의 모든 물체는 유한한 에너지를 가져야 하므로, 이는 모든 물체가 광속 미만의 속도를 가져야 함을 의미한다.

두 번째, 물체의 운동에너지는 물체의 속도가 충분히 작은 경우 위에서 언급한 속도의 제곱에 비례한 항 이외에 mc^2이 첨가되어야 한다. 특히 물체가 정지해 있을 때 유명한 $E=mc^2$이라는 식을 얻게 된다. 즉 물체가 질량을 갖기만 하면 mc^2이라는 매우 큰 에너지를 갖는 것이다. 한 예가 원자의 핵분열로부터 생성되는 원자에너지이고, 이는 원자탄의 가공할 만한 폭발력의 근거가 된다. $E=mc^2$이 의미하는 바는 아무것도 없는 상태에서 질량 m인 물체를 생성하려면 mc^2만큼의 에너지가 필요하다는 것이다.

자연계에 존재하는 모든 입자에 대해서는 이와 질량이 같고 전하가 반대인 반입자가 존재한다고 알려져 있다. 이들 입자와 반입자는 짝으로 생겨날 수도 있고 소멸할 수도 있다. 입자와 반입자가 생성되려면 $2mc^2$ 이상의 에너지가 필

요하다는 사실은 여러 입자가속기의 실험을 통해 잘 알려져
있다.

양자역학의 세계

미시세계 : 불연속성의 세계

특수상대성이론이 물체가 광속에 가까운 속도로 움직였을 때의 물리적 현상에 관한 이론이라면, 양자역학은 물체의 크기가 매우 작은 원자나 분자와 같은 극미세계에서 일어나는 물리적 현상에 관한 이론이다. 물체가 광속에 가까운 속도로 움직일 때는 우리의 일상적인 경험과 무척 다른 일들이 벌어진다. 이와 마찬가지로 미시세계의 물리현상들 또한 거시세계에서 관측되는 현상들과 매우 다르다. 가장 중요한 차이의 하나가 연속성과 이산성이다.

거시세계에서의 많은 경험들은 우리의 세계가 연속적인 양들에 기반한 것이라고 생각하게 만든다. 즉 우리가 경험하는 물리적 양들은 모두 연속적인 것으로 파악된다. 가령 전등에서 나오는 전기에너지를 생각해보자. 우리가 60와트 전구를 한 시간 쓰면 이때 소모된 전기 에너지는 60와트에 3,600초를 곱해서 216,000줄(joule)이 되고, 이는 곧 216킬로줄이다. 일상에서는 이를 "216킬로(와트) 썼다"고 말한다. 이때의 전기에너지는 연속적인 양으로 생각되어서 우리가 가령 215,000줄을 쓰려면 단지 전구를 켜는 시간을 조금 조절하면 되고, 215,080, 215,082, 215,083줄에 대해서도 같은 이야기를 할 수 있다. 19세기 말의 물리학은 이러한 연속성의 세계관에 기초하여 발전되었다. 이는 너무도 자명해 보여서 그것이 중요한 가정이었는지도 사람들은 깨닫지 못했다. 하지만 19세기 말에 전기와 자기 현상을 기술하는 맥스웰(Maxwell)의 전자기이론이 발전하면서 물리학자들은 여러 가지 수수께끼에 봉착하였다. 그 중의 하나가 앞에서 언급한, 빛이 어떤 매질에 대해서 광속으로 달리는가 하는 문제였다.

다른 하나는 수소원자의 안정성 문제이다. 20세기 초에 물리학자들은 수소원자가 원자핵 주위를 원운동하는 것으로 생각하였다. 원운동은 물체의 속도의 방향이 시시각각 바뀌기 때문에 가속도를 갖는다. 원운동을 하기 위해서 구심력이 필요한 것은 바로 이 때문이다. 맥스웰의 전자기이론에 의하면 전하를 띤 물체가 가속도 운동을 하게 되면 전자파를 내고, 이 전자파는 에너지를 가지게 된다. 수소원자는 이 전자파가 가져간 에너지만큼 에너지를 잃고, 따라서 전자가 원자핵의 주위를 더 가깝게 돌아야 한다. 그러나 전자가 계속 원자핵 주위를 돌면 계속 전자파를 내보내고 에너지를 잃는 현상이 계속된다. 결국 이 논리에 의하면 전자는 원자핵 중심으로 떨어지게 된다. 즉 수소원자는 안정한 상태로 있을 수 없다는 결론에 도달한다. 하지만 실제 실험에서 수소원자는 안정된 상태로 존재하는 것으로 알려져 있다. 결국 위의 논의의 어떤 부분은 수정되어야 한다.

20세기 초에는 이와 비슷한 패러독스들이 발견되었다. 이러한 패러독스들에 대한 해결책은 연속성의 포기였다. 위에서 우리는 수소원자가 원자핵 주위를 원운동할 때 그 원운동의 반경이 연속적으로 변할 수 있다고 암묵적으로 가정하고 있다. 즉 전자기파를 방출하는 전자가 원운동하는 반경이 조금씩 작아지고 있는 것으로 생각한다. 우리의 주변에서 관찰되는 현상들로부터 유추해보면 이는 너무나 당연한 듯 보인다. 그러나 미시세계의 전자가 핵 주위를 원운동할 수 있는 반경은 특정한 값만을 갖는다. 특정한 값만을 갖기 때문

에 전자기파를 내면서 서서히 반경을 줄여가는 운동을 할
수 없고, 수소원자는 안정된 상태로 존재할 수 있다.

입자와 파동의 이중성

미시세계의 물리현상은 이외에도 우리에게 여러 가지 놀
라움들을 제공한다. 그 중의 하나가 입자와 파동의 이중성이
다. 우리는 전자파 또는 전파라는 단어를 사용하고 있는데,
이는 빛이 파동이라는 것을 의미한다. 가시광선과 TV나 라
디오에서 사용되는 전파는 단지 그 파장이 다를 뿐이다. 파
동의 가장 큰 특성의 하나는 간섭현상을 보여준다는 데 있
다. 이와 관련된 실험이 이중 슬릿을 이용한 실험이다.

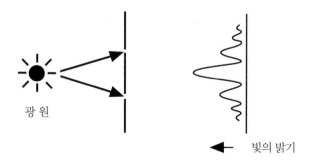

광원

빛의 밝기

광원 앞에다 큰 장막을 놓고 거기에 매우 작은 두 개의 틈 (이중 슬릿)을 만든다. 그 장막 뒤에 스크린을 놓아두면, 스크린의 위치에 따라서 밝은 부분과 어두운 부분이 교대로 나타난다. 광원에서 나온 빛들이 각각의 슬릿을 통과해서 파동으로 전파하면서 서로가 상호작용하고, 결국 스크린에 밝은 부분과 어두운 부분을 만드는 것이다.

비슷한 예로서 연못에 돌을 던지는 경우를 생각해도 된다. 연못 한가운데에 돌을 던지면 물결파가 생겨서 연못 중심에서 밖으로 퍼져나가는 것을 관측할 수 있다. 이때 두 개의 다른 돌을 조금 다른 위치에 던지면 두 개의 물결파가 생겨서 연못에 생기는 파동의 모양이 돌 한 개를 던진 경우와 다른 것을 알 수 있다.

한편 이중 슬릿에 광원을 갖다놓지 않고 매우 작은 공을 가져와서 던진다고 해보자. 이 공은 슬릿을 통과해 스크린에 도달할 것이다. 작은 공을 여러 번 던지면 (슬릿이 두 개이므로) 스크린의 특정한 두 위치에만 공의 흔적이 보일 것이다. 위의 실험을 통해 우리는 빛과 작은 공은 이중 슬릿에 대해서 매우 다른 결과를 줌을 알 수 있다. 그러나 더욱 놀라운 사실은 빛이 파동과 작은 공(입자)의 성질을 동시에 가진다는 데 있다. 여기서 입자는 매우 작은 공을 이상화하여, 크기가 없으면서 질량만 가지는 물체로 생각할 수 있다. 점입자는 단지 질량만 가질 뿐 내부구조가 없다.

아인슈타인에 의하면 우리가 보는 빛은 광자라고 하는 입자들로 구성되어 있다. 빛의 주파수를 v라 하면 광자 하나의 에너지는 $E=hv$로 주어진다. 또 E를 광속으로 나눠준 만큼의 운동량도 가진다. 여기서 h는 플랑크의 상수라 불리며, 거시세계의 단위에서는 매우 작은 값을 가진다. 거시세계에서는 우리가 빛을 관측할 경우 그 하나하나의 에너지가 매우 작고, 매우 많은 수의 광자들을 관측하므로 빛의 입자성이 드러나지 않는다. 그러나 미시세계에서는 광자 하나의 에너지가 작은 값이 아니다. 우리가 전자에 빛을 쬐일 경우 우리는 광자와 전자의 산란을 당구공 두 개가 충돌했을 때의 운동을 기술하는 방식, 즉 입자 두 개가 부딪쳤을 때를 기술하는 것과 같은 방식으로 기술할 수 있다.

광자 하나를 가지고도 위에서처럼 이중 슬릿 실험을 할 수 있다. 이 경우 광자 하나하나를 슬릿으로 통과시켜도 스크린에는 여전히 밝은 부분과 어두운 부분이 나타나는 간섭현상이 관측된다. 또한 광자의 개수를 n개라 하면 위의 공식에서 전체 에너지는 $E=nhv$로 주어짐을 알 수 있다. 즉 가질 수 있는 에너지들도 띄엄띄엄한 값들을 가진다. 그러나 광자 하나가 갖는 에너지가 매우 작으므로 거시세계에서는 이러한 불연속성이 거의 관측되지 않는다.

이러한 입자와 파동의 이중성은 비단 빛에만 국한되는 것이 아니다. 자연계에 존재하는 모든 입자는 또한 파동의 성질을 갖는다. 전자의 경우도 보통 입자로 생각되어지지만 빛의 경우와 비슷한 이중 슬릿 실험을 해보면 간섭현상이 나타나는 것을 알 수 있다. 거시적으로 우리가 가진 입자라는 개념으로서는 전자가 파동의 성질을 갖는다는 것을 도저히 이해하기 힘들다. 우리가 가진 입자의 개념으로는 전자가 이중 슬릿을 통과할 때, 이쪽 아니면 저쪽 슬릿을 통과해야 한다. 하지만 파동은 이중 슬릿을 동시에 통과하고, 두 슬릿으로부터 다시 파동이 전파되면서 간섭현상을 일으킨다. 거시적 관점에서는 매우 이상한 일들이 미시세계에서 벌어지고 있는 것이다.

불확정성원리

슈뢰딩어(Schroedinger)는 입자의 파동성에 착안하여 슈뢰딩어 방정식이라 불리는 파동방정식을 제안했다. 이 파동방정식에 나타나는 파동을 과연 어떻게 해석해야 하는지에 관해 많은 논란이 있었다. 슈뢰딩어 자신은 이 파동을 입자 자체로 생각해서 공간에 퍼져 있는 입자를 기술하는 것으로 보았다. 하지만 입자 한 개를 생각할 때 이러한 기술은 어려움에 봉착한다.

위의 이중 슬릿 실험에서 입자 하나가 슬릿을 지나갈 때, 반으로 쪼개져서 두 슬릿을 통과할 수는 없는 일이다. 독일의 물리학자 보른(Born)에 의해 제창되고 덴마크의 물리학자 보어(Bohr)에 의해 확립된 해석은 파동을 확률로 본다. 즉 파동이 밀집되어 있는 부분에서는 상응하는 입자를 발견할 확률이 높고, 파동이 적은 부분에서는 그 확률이 낮은 것이다. 그러므로 파동방정식은 정확한 입자의 위치를 지정해주는 것이 아니라 단지 우리에게 입자 위치의 확률에 관하여 말해줄 뿐이다. 전자가 원자핵 주위의 특정 궤도를 돌 때, 파동방정식은 특정 궤도에 전자가 있을 확률만을 알려준다. 거시세계를 다루는 뉴턴 역학에서는 물체의 운동을 정확히 기술할 수 있으므로, 운동의 궤적을 정확히 그릴 수 있다. 그러나 미시세계에서 물체의 궤적이란 무의미한 단어일 뿐이다.

물체의 궤적과 관련해서 우리가 일상생활에서 물체의 운동을 어떻게 기술하는지 생각해보자. 물체의 현재 위치와 그 위치에서의 속도를 알면 시간이 조금 지난 후에 물체의 위치를 계산할 수 있다. 즉 모든 위치에서 물체의 위치와 그 위치에서의 속도를 알면 우리는 그 물체의 운동을 정확히 기술할 수 있고, 특정한 시간에 물체가 어디에 있을지 정확히 예측할 수 있다. 하지만 미시세계에서는 이러한 일이 불가능하다. 즉 물체 또는 입자의 위치와 속도를 동시에 정확히 측정할 수 없다. 형광등이 켜 있는 방에서 우리가 특정한 물체를 관찰할 때를 생각해보자. 형광등의 빛이 특정한 물체에 반사되어 우리의 눈에 들어옴으로써, 우리는 특정한 물체의 위치를 알게 된다. 거시세계에서 보는 물체는 그 크기가 가시광선의 파장에 비해 매우 크므로, 물체의 위치를 결정하는 데에 커다란 문제가 되지 않는다.

하지만 우리가 관측하려는 물체가 미시세계에 있는 경우 사정은 달라진다. 만약 미시세계의 입자의 크기가 우리가 사용하는 빛의 파장보다 훨씬 작다면, 이 빛으로서는 입자의 위치를 정확히 알 수 없게 된다. 만약 빛의 파장이 5,000Å라면 이 빛을 가지고 우리는 5,000Å 이하의 차이를 관측할 수 없다. 이는 마치 우리가 눈금의 기본 단위가 10cm인 자로는 길이를 센티미터 단위로 결정할 수 없는 것과 같다. 따라서 우리가 입자의 위치를 정확히 재기 위해서는 파장이 매우 짧은 빛을 사용해야 한다.

그러나 파장이 짧은 빛은 주파수가 크고, 따라서 운동량이 크므로, 입자와 충돌하였을 때 입자의 속도를 바꾸게 된다. 파장이 짧을수록 빛과 충돌한 입자의 속도는 많이 바뀐다. 이는 두 개의 공을 충돌시킬 때 한 개의 공의 속도가 큰 경우(운동량은 속도에 비례하므로 운동량이 큰 경우) 다른 공의 속도를 크게 바꿀 수 있는 것과 같다. 즉 물체의 위치를 정확히 재려면 그만큼 물체의 속도에 불확실성이 개입된다. 결국 물체의 위치와 속도를 동시에 정확히 재는 데는 한계가 있다. 이는 비단 위의 예에만 국한되는 것이 아니라 모든 측정에서도 성립하는 한계이다. 이를 하이젠베르크의 불확정성원리라 부른다.

상대론적 양자역학과 양자장론

슈뢰딩어의 파동방정식은 미시세계에서 입자의 속도가 광속보다 매우 작은 경우에 성립하는 방정식이다. 이에 대한 이해가 어느 정도 이루어지자 당시의 많은 물리학자들은 슈뢰딩어 방정식의 상대론적 일반화를 연구하였다. 즉 미시세계에서 물체의 운동이 광속에 매우 근접해서 움직이는 경우에 이를 기술하는 방정식을 찾으려고 노력하였다. 그 결과로서 얻어진 방정식이 클라인 – 고든 방정식과 디락 방정식이다. 이 두 가지 방정식의 차이는 무엇일까? 클라인 – 고든의 경우 스핀이 없는 입자를 기술하는 방정식이고, 디락의 경우 스핀이 1/2인 전자와 같은 입자를 기술한다.

스핀은 고전물리에서 각운동량(角運動量)에 해당하는 개념이다. 즉 물체가 특정한 축을 중심으로 회전하면 우리는 그 물체의 각운동량을 정의할 수 있다. 피겨 스케이팅에서 스케이터가 자기 몸을 중심으로 빠르게 회전할 때, 우리는 각운동량을 가진 물체의 운동을 관측하고 있는 것이다. 양자물리의 특이한 점 중 하나는 고전물리의 의미에서 전혀 회전운동을 하지 않더라도 특정한 입자는 스핀을 가질 수 있다는 점이다. 이러한 스핀은 입자들의 고유한 성질에 해당한다. 일반적으로 회전운동을 하는 경우의 스핀은 특정량의 정수배에 해당하지만, 입자 고유의 스핀은 특정 단위의 1/2의 값을 가질 수 있다.

위에서 언급한 방정식들은 그러나 그 방정식에 나오는 파동을 슈뢰딩어 방정식과 같이 확률적으로 해석하는 데 큰 어려움을 겪었다. 어떤 양이 확률로서 해석되기 위해서는 그 양은 언제나 양(陽)의 값을 가져야 한다. 그러나 위의 방정식들의 파동은 확률로 해석될 수 있는 양이 양(陽)의 값도 가질 수 있지만 음(陰)의 값도 가질 수 있었다. 실제로 위의 방정식을 푸는 과정에서 에너지가 양(陽)인 해(解)뿐만 아니라 이에 상응해서 음(陰)의 에너지를 갖는 해도 발견되었다.

이렇게 많은 혼동을 겪은 후에 클라인 – 고든 방정식과 디락 방정식의 파동은 특정 입자가 특정 위치에 있을 확률을 기술하는 것이 아니라, 특정 입자가 특정 위치에서 가질 수 있는 전하 분포를 기술하는 것으로 해석되었다. 전하는 양의 값을 가질 수도 있고 음의 값도 가질 수 있으므로, 전하 분포는 언제나 양의 값을 가질 필요는 없다.

여기서 하나의 의문이 생길 수 있다. 디락 방정식으로 전자를 기술할 경우 전자는 언제나 음의 전하를 가지므로 전하 분포는 언제나 음일 것이다. 그러나 실제 디락 방정식을 풀어보면 어렵지 않게 부분적으로 양의 전하 분포를 가지는 해를 찾을 수 있다. 여기에 대한 해답은 위에서 발견된 음의 에너지 해를 전자의 전하와 반대의 전하를 갖는 입자로 해석하는 것이었다. 적어도 방정식에서는, 음의 에너지 해가 미래에서 과거로 움직이는 것이 양의 에너지를 갖는 입자가 과거에서 미래로 움직이는 것과 같은 효과를 준다.

이러한 해석이 가능하기 위해서는 자연계의 모든 입자에 대해서 그와 질량이 같고 전하가 반대인 입자가 존재해야 한다. 이를 반입자라 부르며, 실제로 이러한 반입자가 존재함이 실험에 의하여 밝혀졌다. 즉 상대론적 양자역학이 비상대론적 양자역학과 다른 점은 관심이 되는 에너지가 입자의 정지질량 mc^2 보다 훨씬 커서 이 에너지로부터 입자와 반입자가 생성될 수 있다는 데 있다. 이러한 현상은 입자의 운동속도가 광속보다 훨씬 작으면 일어날 수 없다. 이 경우 입자의 개수가 바뀌지 않고 반입자가 생성될 수 없으므로, 전하 분포는 확률 분포에 비례한다. 한편 입자와 반입자가 서로 부딪치면 둘이 없어져서 다른 입자를 만들 수도 있다. 입자가속기에서는 이와 같은 실험을 통하여 입자들의 상호작용을 연구한다.

상대론적 양자역학에서는 이와 같이 입자의 개수가 바뀌는 현상을 다루어야 하고, 일반적으로는 생겨날 수 있는 입자와 반입자의 개수는 그 제한이 없다. 자유도의 입장에서 보면 상대론적 양자역학은 무한개의 입자에서 비롯된 무한 자유도를 다루어야 한다. 그러나 위에서 언급한 클라인-고든이나 디락 방정식은 입자 하나에 관한 방정식이므로 상대론적 양자역학에 적합한 틀을 제공해주지 못한다. 결국 상대론적 양자역학은 상대론적 양자장론으로 발전하였고, 이것이 무한 자유도를 다루는 근간이 되었다.

장이란 개념은 전기장이나 자기장이 무엇인가를 생각해보면 알 수 있다. 우리가 자기장이라 말하는 것은 시공간 각각의 점에 특정한 자기가 있음을 뜻한다. 양자장이란 각각의 시공간에 존재하는 장을 자유도로 보고, 이러한 장에 하이젠베르크의 불확정성원리를 적용한다. 이를 장의 양자화라고 하는데, 양자화된 장은 각각의 시공간 점에서 장에 해당하는 입자를 생성시킬 수도 소멸시킬 수도 있다. 전기장과 자기장을 양자화시킨 경우 생성·소멸되는 입자는 광자, 즉 빛이다.

양자장론에 의하면 전자기력은 물체들이 광자를 서로 주고받음으로써 생겨난다. 즉 광자의 에너지와 운동량이 한쪽에서 다른 쪽으로 전해지고 이를 통해서 물체의 운동이 바뀌게 된다. 즉 광자가 전자기력을 매개한다. 광자는 정지질량이 없어서 광속으로 움직일 수 있으며, 이 경우 광자에 의해서 매개되는 전기력이 물체의 거리의 제곱에 반비례함을 쉽게 계산할 수 있다. 다른 모든 상호작용에서도 비슷한 과정에 의해서 힘이 전달된다. 특히 중력을 매개하는 입자를 중력자라고 하며, 중력자 역시 정지질량이 0이다.

양자장론의 틀에서는 자연계의 대부분의 상호작용이 잘 기술된다. 이러한 상호작용의 기술에서 중요하게 등장하는 것이 섭동론이다. 즉 상호작용이 작은 경우에 이를 상호작용이 없는 경우의 해(解)로부터 근사시켜나가는 방법이다. 비슷한 예로 $1/(1-g) = 1 + g + g^2 + g^3 \cdots$을 생각해볼 수 있겠다. 섭동론이란 좌변의 정확한 식을 우변의 식으로 근사하는 것과 비슷한 원리다. 만약에 g의 값이 충분히 작다면 우변에서 몇 항만 더하더라도 상당히 정확한 값을 알 수 있다.

그러나 상대론적 양자역학에서는 이러한 섭동론을 적용할 경우에 각각의 항의 값이 발산(發散)하는 이상한 일이 발생하였다. 이 발산의 의미를 이해하는 데 매우 오랜 시간이 걸렸으나 결국 윌슨(Wilson)의 재규격화이론에 의해서 이 문제는 해결되었다.

양자장론의 경우 그 이론이 재규격화 가능한지 아닌지가 매우 중요한 문제이다. 재규격화 가능한 이론은 섭동론에서 발생하는 발산을 적당히 조절하여 물리적으로 의미 있는 예측을 가능하게 할 수 있다. 자연계의 상호작용을 기술하는 이론들은 중력을 제외하고는 모두 재규격화가 가능한 이론이다. 그러나 자연계에 엄연히 존재하는 중력을 상대론적 양자장론으로 다룰 수 없다는 것은, 상대론적 양자장론의 기본적 가정이 다시 수정되어야 함을 의미한다.

일반상대론

20세기 초의 상황으로 돌아가보자. 그 당시에 알려진 자연계에 존재하는 근본적인 힘으로는 전자기력과 중력(만유인력)이 있었다. 전술한 바와 같이 특수상대성이론은 전자기력과 뉴턴의 역학체계 간의 모순을 해결하려는 과정에서 나온 것이다. 그럼 뉴턴에 의해서 밝혀진 중력의 경우는 어떻게 되는가라는 질문을 던질 수 있을 것이다. 뒤에서 설명하겠지만 뉴턴의 중력이론은 뉴턴의 역학체계 내에서 잘 정의되며 특수상대성이론과는 모순된다. 이를 해결한 것이 바로 아인슈타인의 일반상대성이론이다.

중력이란 무엇인가

뉴턴에 의해 밝혀진 중력의 특징은 크게 네 가지 정도로 얘기할 수 있다. 첫째로 중력은 질량을 가진 모든 물체에 작용한다. 즉 질량을 가진 물체가 다른 질량을 가진 물체에 작용하는 힘이며, 그 크기는 각 물체의 질량에 비례한다. 우리 주변에 있는 모든 눈에 보이는 것들은 질량을 가지고 있다. 즉 모든 물체들은 주위에 있는 다른 물체들로부터 중력을 느끼는 것이다.

그럼 왜 우리는 이를 잘 느낄 수 없을까? 이는 중력의 두 번째 특징인, 중력이 매우 작은 크기의 힘이라는 것에 기인한다. 즉 지구 정도의 질량을 가진 물체로부터의 중력이라야 우리가 몸으로 느낄 수 있는 것이다.

중력의 세 번째 주요한 특징은 힘이 매우 먼 거리까지 미친다는 점이다. 즉 힘의 크기가 거리의 제곱에 반비례하여 멀어질수록 작아지기는 하지만, 먼 거리에서도 여전히 작용하게 된다. 이는 매우 짧은 거리에서만 작용하는 핵력 같은 경우와 대비된다 하겠다. 자연계에 존재하는 네 가지의 근본적인 힘 중 중력과 전자기력의 경우는 힘을 매개하는 물질이 질량이 없어 멀리까지 힘을 전달할 수 있다. 다른 두 힘, 즉 약력과 강력의 경우는 질량을 가진 물질이 전달하기 때문에 가까운 거리에만 작용하게 된다.

마지막 주요한 특징은 중력이 항상 인력으로 작용한다는 점이다. 이는 정전기력이 양전하와 음전하를 가지고 있어 같은 종류의 전하끼리는 밀치고 다른 종류의 전하끼리는 서로 당기는 경우와 대비된다. 약력과 강력은 힘이 미치는 거리가 매우 짧아(10^{-15}m 정도) 원자 안의 핵의 형성에 주로 관여한다. 전자기력은 중력과 마찬가지로 멀리까지 힘이 미치며, 힘의 세기에 있어서는 중력에 비해 훨씬 커 원자 및 분자의 형성 등에서 주도적인 역할을 한다. 그러나 별과 같은 거대 구조의 경우에는 존재하는 물체들의 대부분이 양전하와 음전하의 균형을 이루고 있어 중력이 주요한 힘으로 작용하게 된다. 즉 태양계, 은하, 우주의 형성과 구조를 결정하는 데 주요한 역할을 하는 것이 바로 중력이다.

뉴턴중력과 특수상대론 간의 모순

뉴턴은 행성의 운동으로부터 중력의 존재를 밝혀내고 이 힘이 어떤 종류의 물체에 어느 정도의 크기를 가지고 어떤 식으로 작용하는지 밝혀냈다. 그러나 이 이론은 완전하다고 보기 어려운 몇 가지 문제점을 안고 있다.

그 중 하나는 어떻게 서로 멀리 떨어져 있는 물체 간에 이 힘이 작용할 수 있는가 하는 점이다. 즉 'locality' 문제이다. 물체 간의 상호작용은 기본적으로 서로 접촉하여 일어난다고 생각하는 것이 알기 쉽고 상식적이다. 예를 들어 전자기력의 경우, 전하를 띤 두 물체 간의 힘을 한쪽에서 나온 광자가 다른 쪽에 흡수되면서 이루어지는 상호작용으로 이해할 수 있다. 중력도 그와 같이 생각할 수 있을까?

이와 관련된 또 하나의 문제점은, 뉴턴의 중력이론에 따르면 중력을 작용시키는 물체의 변화를 그로부터 멀리 떨어진 물체들이 바로 인지하여 반응한다는 점이다. 이는 한쪽에서의 변화가 빛보다 빠른 속도로 다른 쪽에 전달됨을 의미하며, 특수상대론에 위배된다.

일반상대론의 근본 원리

아인슈타인의 일반상대성이론은 중력을 상대론과 모순되지 않도록 기술한 것이다. 일반상대성이론의 근본 원리로 등가원리(equivalence principle)가 있다. 이 원리가 얘기하는 것은 어떤 힘에 의해서 가속되고 있는 물리계와 중력이 작용하고 있는 물리계는 서로 구별할 수 없다는 것이다. 뉴턴의 제2법칙에 따르면 물체의 가속도는 그 물체에 가해진 힘에 비례하며 그 비례상수는 질량으로 주어진다. 또, 뉴턴의 만유인력의 법칙에 따르면 중력의 크기 역시 질량에 비례한다. 즉 중력을 발생시키고 중력에 반응하는 것이 질량이라는 것이다. 다시 말해 힘에 의한 가속도와 관계된 관성질량과, 중력과 관련된 중력질량이 같다. 따라서 만약 엘리베이터 같이 외부를 볼 수 없는 차단된 곳에 있는 사람 또는 물체는 자기를 바닥에 고정시키는 것이 지구 같은 큰 물체에 의한 중력 때문인지, 엘리베이터가 위로 가속을 하고 있기 때문인지 구별할 방법이 없을 것이다.

한편 뉴턴의 역학을 힘이 아닌 작용원리(action principle)로 설명할 수 있다. 이 원리에 따르면 물체의 운동경로는 작용이라는 물리량을 최소화하는 경로이다. 아무런 힘이 가해지지 않은 자유입자의 경우, 작용은 거리에 비례하는 양으로 주어진다. 따라서 그 진행경로는 시작점과 끝점 사이의 거리를 최소화 하는 경로, 즉 직선이다. 이 경우는 공간만을 따졌을 때도 그러하고, 시공간에서 보아도 마찬가지이다. 이런 두 점 사이의 최단 경로를 측지선(geodesic)이라 한다.

구부러진 공간에서의 측지선 운동의 예로 흔히 제시되는 것은 대륙 간을 운행하는 비행기의 이동경로다. 지표면은 삼차원 구 표면인 이차원 sphere에 해당되며 구부러져 있다.

비행기들은 지표면 위의 두 점 간을 움직이는 데 드는 연료를 최대한 절약하기 위해 두 점 간의 최소거리를 주는 대원을 따라 움직인다. 아인슈타인의 일반상대론에 따르면 모든 질량이 있는 물체는 그 주변의 시공간을 구부린다. 따라서 그 물체 주변에 있는 다른 물체는 구부러진 시공간 하에서 움직이게 된다. 이때 그 진행경로는 구부러진 시공간 위에서 최대한 직선에 가까운, 즉 측지선 운동을 하게 된다.

여기서 주의해야 할 것은 일반상대론은 특수상대론을 내포하고 있으며, 따라서 공간을 따로 다루는 것이 아니라 시간과 공간을 한꺼번에 다루어야 한다는 점이다. 즉 질량에 의해 공간만이 아니라 시공간도 구부러진다.

예를 들어 지구상에 존재하는 모든 물체의 운동은 지구에 의한 중력의 영향을 받는다. 그러나 그들이 그리는 공간상의 궤도를 조사해보면 매우 다양하다. 50m 떨어져 있는 표적을 맞추는 경우를 고려해보자. 총알과 같은 빠른 물체의 경우 거의 직선운동을 한다. 그러나 야구공을 던져서 물체를 맞추려면 목표물보다 위쪽으로 던져 포물선 궤도를 그려야 한다. 즉 이 두 운동은 공간상에서 볼 때 구부러진 정도가 매우 다르다.

그러나 시공간을 함께 그려놓고 살펴보면 이들 운동이 그리는 궤도의 구부러진 정도는 모두 같음을 알 수 있다. 총알

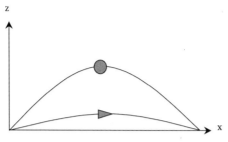

공간좌표계에서.야구공이 그리는 포물선의 곡률(구부러진 정도)은
총알이 그리는 곡률보다 크다.

의 경우 매우 짧은 시간에 목표물에 도달하므로 시공간상에
서 움직인 거리가 매우 짧다. 반면에 야구공의 경우 상대적
으로 느리기 때문에 시공간상에서 움직인 거리가 총알에 비
해 매우 길다. 이를 시공간 그림에서 살펴보면 그 구부러진
정도가 비슷하다는 것을 알 수 있다.

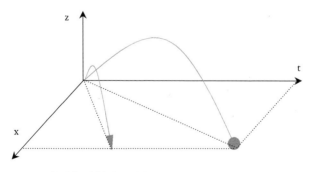

시공간좌표계에서 야구공과 총알이 그리는 포물선의 곡률은 같다.

사과나무에서 떨어진 사과의 궤도, 농구선수가 던진 볼의 궤도, 골프선수가 친 골프공의 궤도, 인공위성의 궤도 등 지구상의 모든 물체들의 운동궤도를 시공간좌표에서 보면 그 구부러진 정도는 다 같다. 즉 지구에 의해 구부러진 시공간에서 측지선 운동을 하고 있음을 보여주는 것이다. 이들의 공간상의 궤적을 조사하면 마치 지구의 중력에 의해 잡아당겨지는 것처럼 보이게 된다. 즉 뉴턴의 중력이론과 유사하게 되는 것이다.

일반상대론의 실험적 증거

뉴턴의 중력이론은 태양계 안의 행성들의 운동, 달의 운동, 지구 위의 물체들의 운동들을 매우 잘 설명해준다. 이것은 일반상대론이 이들의 운동에 대해서 뉴턴의 이론과 같은 결과를 주어야 함을 의미한다. 실제 많은 경우, 두 이론은 거의 같은 결과를 주며, 두 이론 간의 차이는 중력이 강하게 작용하는 곳, 즉 질량이 큰 물체의 주변에서만 두드러지게 나타나게 된다. 이론적으로는 특수상대론을 내포하는 일반상대론이 특수상대론과 모순을 보이는 뉴턴의 중력이론에 비해 우위에 있다. 그러나 실제로 중력은 매우 약하게 작용하기 때문에 그 차이를 측정하여 어느 쪽이 옳은지 판단하기가 쉽지 않다.

상대적으로 중력이 강하게 나타나며 정밀한 측정이 가능한 대표적인 경우가 태양에 가장 가까이 자리잡고 있는 수성의 운동궤도이다. 이를 정밀히 관측한 결과, 뉴턴의 중력이론에서 예측하는 것과 미세한 차이가 있으며, 일반상대론에서 예측한 것과는 완전히 일치함이 밝혀졌다.

또 한 가지 중요한 관측 결과는 빛의 궤도의 휘어짐이다. 일반상대론에 따르면 빛 역시 구부러진 시공간 안에서 운동하므로, 그 공간상의 궤도를 조사하면 휘어져 보일 것이다. 반면에 빛은 질량이 없으므로 뉴턴의 이론에 따르면 영향을 받지 않아야 한다. 그러나 멀리 떨어져 있는 별에서 오는 빛의 궤도를 조사한 결과, 이 빛이 태양 주변을 통과할 때 일반상대론이 예측한 대로 휘어진다는 사실을 알 수 있었다.

일반상대론이 자연을 잘 설명한다는 것을 결정적으로 보여주는 것이 우주의 팽창이다. 일반상대론에 따르면 우주는 현재의 크기를 유지하는 것이 아니라 점점 커지거나 작아져야 한다. 1929년에 허블(Hubble)이 멀리 떨어져 있는 천체에서 오는 빛들을 관측한 결과, 원래 그 빛들이 가져야 할 파장보다 더 긴 파장을 가짐을 확인했다. 이를 설명하는 유일한 해석은 천체가 지구로부터 계속 멀어지면서 빛을 보낸다고 보는 것이다. 이러한 현상은 모든 방향의 항성들로부터 오는 모든 빛에서 나타나므로, 이로부터 내릴 수 있는 유일한 결론은 우주가 팽창하고 있다는 것이다.

일반상대론이 내포하는 문제점 : 특이점(singularity)

일반상대론이 내포하고 있는 가장 큰 문제점은 아주 강한 중력장 하에서 나타난다. 일반상대론에 따르면, 태양 질량의 대략 1.5배 이상 되는 질량을 가지는 큰 항성의 경우, 빛을 모두 내보내고 난 다음 식어서 결국 자체의 중력을 이기지 못하고 붕괴한다. 중력은 인력으로만 작용하기 때문에 서로 잡아당겨 점점 작아지게 되며, 결국 한 점에 모일 것이다. 동시에 그 주변의 시공간의 휘어진 정도는 무한히 커진다. 이를 블랙홀 특이점(black hole singularity)이라 한다.

또 다른 경우 우주 전체를 생각해볼 수 있다. 앞에서 언급한 대로 현재 우주는 팽창하고 있다. 필름을 거꾸로 돌리듯이 시간을 거꾸로 돌려보면, 과거로 갈수록 우주는 점점 더 작아질 것이다. 그렇게 과거로 계속 진행해 우주의 크기가 한없이 작아지면 결국 한 점으로 귀결된다. 이를 빅뱅 특이점(big bang singularity)이라 한다.

이러한 특이점들은 일반상대론이 옳다면 필연적으로 나타난다는 것이 호킹(Hawking)과 펜로즈(Penrose)에 의해 증명되었으며, 이를 특이점 정리(singularity theorem)라 한다. 그러나 일반상대론은 고전역학에 기반을 둔 이론이다. 즉 앞에서 설명한 양자역학의 틀에서 성립되는 이론이 아닌 것이다. 굉장히 작은 영역에 굉장히 큰 질량이 모여 있을 때의 물리적 현상의 설명은 양자역학의 틀 내에서 이루어져야 한다. 즉 특이점에 도달하기 전에 더 이상 일반상대론으로 설명할 수 없는, 소위 양자중력이론으로 설명해야만 하는 영역에 도달한다.

그럼 양자중력에서도 특이점이 있을까? 여기에 대한 답은 아무도 모른다. 왜냐하면 아무도 양자중력이론이 무엇인지를 모르기 때문이다. 뒤에서 다루겠지만, 바로 이 중력의 양자화라는 문제 때문에 초끈이론에 대한 커다란 관심이 촉발된 것이다.

끈이론의 세계

자연 : 초끈 교향악

양자장론에 의하면 우리가 다루는 기본 입자들은 모두 더이상의 구조를 갖지 않는 점입자이다. 이러한 이론이 중력의 양자이론을 다룰 수 없음을 앞에서 간략히 살펴보았다. 끈이론은 세상을 이루는 궁극적인 구조가 점입자가 아니고 끈이라는 가정에서 출발한다. 피아노나 바이올린의 예에서 알 수 있듯이, 특정한 길이의 끈은 특정한 소리를 지닌다. 피아노 건반의 뒤에 연결된 끈을 관찰해보면, 피아노 음의 소리가 높아질수록 거기에 해당하는 피아노 끈의 길이는 점점 짧아

짐을 알 수 있다. 피아노 음의 소리가 높다는 것은 그 음의 진동수가 높다는 것을 의미한다. 즉 피아노의 끈이 짧을수록 그로부터 나오는 음의 진동수는 높아진다. 또 우리는 특정한 길이의 끈에서는 특정한 음만이 나옴을 알 수 있다. 이러한 특정한 음들을 그 끈의 고유 진동수라고 한다. 이 고유 진동수에 해당하는 음파는 그 파장이 끈의 길이를 자연수배로 나눈 값으로 주어진다. 즉 그 파장의 적당한 자연수배가 피아노 끈의 길이가 된다. 고유 진동수는 고유 파장의 길이에 반비례한다. 이러한 사실들은 미시세계를 기술하는 끈이론에도 그대로 적용된다.

미시세계의 끈에도 고유 진동수들이 있다. 그런데 양자역학에 의하면 이러한 고유 진동수의 파동에 해당하는 상태들이 존재하며, 이러한 파동은 물질파의 이중성에 의하여 입자로 해석될 수 있다. 즉 끈의 고유 파동들이 미시세계에서 관측되는 입자들이다. 즉 우리가 관측하는 입자들은 끈의 특이한 소리들인 셈이다.

이 끈에는 두 가지 종류가 있다. 하나는 끈의 끝점이 존재하는 열린 끈(open string)이고, 다른 하나는 끈의 끝점이 없는 닫힌 끈(closed string)이다. 이러한 끈들의 가장 낮은 소리들이 중력자, 광자, 전자, 그리고 중성자와 양성자를 이루는 쿼크(quark), 쿼크들의 상호작용을 매개하는 글루온(gluon)

이다.

끈의 길이는 매우 짧아서 약 10^{-31}cm 정도이다. 이 정도 작은 길이는 현재의 기술로는 조사할 수 없는 영역이다. 따라서 현재 우리들은 끈의 가장 낮은 소리들 이외에는 들을 수가 없다. 왜냐하면 고유 진동수가 끈의 길이에 반비례하므로 그 고유 진동수에 상응하는 입자의 질량이 너무 무거워서 입자가속기에서 만들어낼 수 없기 때문이다. 현재 가속기에서 관측되거나 만들어낼 수 있는 입자의 무게는 대략 100GeV이고 끈에서 만들어지는 입자의 질량은 10^{17}GeV 정도이다. 따라서 우리가 끈의 구조를 가속기에서 관측하려면 아직은 많은 시일이 필요하다. (1eV는 2 x 10^{-33}g 정도이고 1GeV는 10^{9}eV이다. 양성자의 질량이 약 1GeV이다.)

끈이론에서 가장 중요한 점은 끈을 양자적으로 다루었을 때(앞에서 우리는 파동과 입자의 이중성을 써서 파동을 입자로 해석하였다), 중력자가 끈의 소리로서 자연스럽게 도출된다는 것이다. 즉 중력의 양자화는 초끈을 양자적으로 다룰 때 자연스럽게 해결된다. 이 점이 끈이론이 그 이전의 점입자에 기초한 양자장론보다 훨씬 더 우월한 점이다. 중력자뿐만 아니라 그 이외의 자연계의 기본 입자들도 모두 끈의 소리들로서 존재한다.

왜 초끈인가

초끈의 '초'는 초대칭 끈을 의미한다. 초대칭이란 자연계에 존재하는 보즈 입자와 페르미 입자를 연결해주는 대칭이다. 보즈 입자와 페르미 입자는 양자역학적으로 매우 다른 성질을 가지고 있다. 보즈 입자는 많은 입자들이 같은 상태에 존재할 수 있고, 페르미 입자는 한 입자만이 한 상태를 점유할 수 있다. 사람으로 비유하면 보즈 입자는 사교성이 매우 좋아서 사람들과 늘 어울리는 타입이고, 페르미 입자는 자폐증 환자와 같아서 자기의 공간에 남을 들이려 하지 않는 타입이다.

우리가 흔히 보는 입자들 중에서 페르미 입자들은 전자, 쿼크와 같이 물질을 이루는 구성요소가 되고 있고, 보즈 입자는 광자, 글루온과 같이 물질들 간의 힘을 매개한다. 이렇게 서로 상이한 성질을 갖는 보즈 입자와 페르미 입자를 연결해주는 대칭성은 반숫자라는 특이한 개념을 도입해야만 한다. 이 반 숫자는 $a \times b = -b \times a$의 성질을 갖는다.

우리가 아는 보통 숫자들은 이러한 조건을 만족하지 않는다. 위의 성질에서 $a \times a = 0$을 얻는데, 이 성질은 페르미 입자 두 개가 같은 상태에 존재할 수 없는 것과 연결된다. 이러한 초대칭이 있는 이론에서는 보즈 입자의 진공에너지와 페르

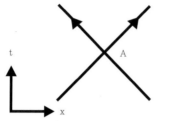

그림 1 : 두 입자의 궤적.
두 입자는 A에서 상호작용한다.

그림 2 : 입자를 끈으로 바꾸었을
때의 상호작용.

미 입자의 진공에너지가 서로 상쇄된다. 일반적으로 말하면
보즈 입자는 진공에너지를 더해주는 역할을 하고, 페르미 입
자는 진공에너지를 빼주는 역할을 한다. 초끈이론 이전에 생
각되었던 보즈 입자만으로 이루어진 끈이론은 중력자를 포
함하기는 했지만, 질량이 허수인 입자인 타키온을 포함하고
있었다. 이 타키온은 초끈이론에서 자연스럽게 제거된다. 또
진공에너지가 전체적으로 음이 되므로, 가장 낮은 초끈의 진
동수에 해당하는 입자의 질량은 0이 되어 빛의 속도로 여행
한다. (진공에너지가 없다면 가장 낮은 진동수도 10^{17}GeV의 질량을
갖는 입자에 해당되었을 것이다.)

왜 답이 유한할까?

양자장론에서는 점입자들이 다음 그림 1과 같이 시공간의 한 점에서 상호작용을 한다. 이 경우 불확정성원리에 의해서 이 상호작용에는 모든 운동량과 에너지가 허용된다. 이 때문에 매우 큰 에너지에서도 양자장의 결과가 발산할 수 있다. 반면 끈이론의 경우 이 상호작용의 모양이 그림 2와 같이 바뀐다.

그림 2에서는 상호작용이 일어나는 때와 장소가 유일하게 주어지지 않고, 끈의 시공간 2차원을 어떻게 자르는지에 따라서 바뀔 수 있다. 즉 점입자가 끈으로 대치됨으로써 상호작용의 때와 장소가 끈의 크기만큼의 불확정성을 갖게 되고, 이는 이 상호작용에 참여할 수 있는 에너지와 운동량에도 일정한 상한을 준다. 이러한 성질이 바로 양자장에서 발산한 결과들이 끈이론에서는 유한한 값을 주는 이유이다.

섭동론

이러한 상호작용은 좀더 복잡한 모양으로 일반화된다. 주어진 계의 에너지가 충분히 클 경우, 입자가 없어졌다가 생겨났다 할 수 있다. 이러한 일이 많이 일어날수록 섭동론에서 좀더 복잡한 모양을 다루어야 한다. 입자들의 상호작용의 크기를 g라 하면 아래의 그림들은 $A+Bg+Cg2+\cdots\cdots$과 같은, g를 여러 번 곱한 항들의 합으로 표현된다. 이러한 그림들을 끈이론에 확장하면 아래의 그림과 같다. 이 경우 끈이론의 섭동론은 2차원 표면의 모양에 따라 결정되고, 섭동전개는 그 이차원 표면의 genus(아래 그림에서 도넛 같은 모양의 구멍의 수)에 따라서 결정된다.

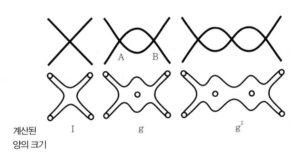

계산된
양의 크기   I   g g^2

다섯 가지 초끈이론

초끈이론에 양자이론적 정합성을 요구할 경우 우리는 몇 가지 재미있는 사실들을 발견한다. 양자이론은 매우 미묘한 이론으로서, 고전적으로 정합적(consistent)인 이론이라 할지라도 양자론적으로 비정합적인 이론이 될 수 있다. 이론의 무모순성은 그 이론이 실제 세계를 기술하려면 당연히 가져야 하는 성질이다. 이러한 미묘함이 그 이론의 많은 면들을 정해버리는 경우가 있다. 이러한 현상은 결국은 양자적 흔들림(fluctuation)에 기인한다고 생각할 수 있다.

초끈이론이 이러한 양자적 정합성을 요구할 경우, 오직 10차원 공간에서만 존재하며, 또한 이 10차원 공간에서는 서로 다른 초끈이론들 다섯 가지가 존재한다는 사실이 알려져 있다. 이는 초끈이론이 자연을 기술하는 궁극 이론이라고 생각할 경우 우리에게 불만을 가져다준다.

이 다섯 가지 이론들 중에서 어떤 이론이 자연을 기술할 수 있는 이론이며, 왜 그 이론만이 자연을 기술할 수 있고 나머지 이론은 기술할 수 없는가라는 질문이 제기될 수 있다. 다음 장에서도 우리는 비슷한 문제에 봉착하게 된다.

끈이론의 기하학

10차원에서 4차원으로

초끈이론의 특징 중 하나는 이론적인 정합성(consistency) 때문에 그 이론이 10차원에 존재해야 한다는 것이다. 잘 알려진 대로 선은 1차원, 면은 2차원, 입체는 3차원이다. 일반적으로 n차원에서 특정한 점을 표현하려면 n개의 독립된 숫자가 필요하다. 우리가 사는 공간을 4차원이라고 하지만, 이는 시간이라는 차원을 우리가 일상생활에서 보는 3차원 공간에 더하여 생각할 경우에 그러한 것이다. 차원이 4차원보다 높은 경우에 우리는 이를 그려볼 수 없다. 초끈이론이 가지는 중요한 문제 중의 하나가 어떻게 해서 그 이론이 10차원 공간에 존재한다는 사실과 우리가 4차원 공간에 산다는 사실을 조화시키느냐 하는 것이다.

물리학에서는 끈이론 이전부터 4차원 이상의 공간에 존재하는 물리학이론이 연구되어왔다. 최초로 이러한 이론을 연구했던 사람은 칼루자(Kaluza)로서, 그는 5차원의 중력이론을 생각하되 5차원 중에 1차원이 작은 원으로 이루어진 경우를 생각하였다. 일상생활에서 이와 비슷한 예를 찾는다면 기다란 고무호스를 생각해볼 수 있다. 만약에 고무호스의 직경이 매우 작다면(가령 0.01cm), 우리는 그 고무호스를 단지 기다란 끈으로 생각할 것이다. 즉 기다란 고무호스는 실제로는 2차원 물체이지만 우리의 육안으로는 1차원 물체처럼 보인다. 마찬가지로 5차원 중에서 1차원의 크기가 매우 작아서 보통의 실험도구로 잘 관측이 되지 않는다면, 마치 우리가 4차원의 세계에 사는 것처럼 느낄 것이다.

이러한 칼루자의 이론은 클라인(Klein)에 의해서 좀더 다듬어져서 후세의 사람들이 칼루자-클라인 이론이라 부른다. 이 이론에서 가장 특기할 만한 사실은 4차원의 중력이론과 전자기이론이 5차원의 중력이론으로 통합된다는 점이다. 한 차원이 매우 작은 경우 5차원의 중력자도 4차원의 입자로 보일 것이다. 5차원의 중력자의 자유도는 4차원 중력자의 자유도보다 크고 이 잉여 자유도가 4차원의 광자로 보이게 된다. 4차원에서 서로 다른 이론처럼 보이는 중력이론과 전자기이론이 5차원에서는 5차원 중력이론으로 통합된다는 이 이론은, 자연계에 존재하는 여러 상호작용을 통합하여 설명하려는 통일장이론의 발전에 중요한 단서를 제공하였다.

초끈이론도 10차원의 틀에서 자연계에 존재하는 상호작용들을 통합하여 설명해보려는 시도이다. 흥미 있는 사실은 초끈이론의 정합성이라는 이론적인 제한 조건이 너무 강하여 10차원에 존재할 수 있는 상호작용들을 각각의 다섯 가지 이론 내에서는 정확히 결정해버린다는 것이다. 초끈이론이 존재하는 10차원에서 출발하여 우리가 사는 4차원의 세상을 얻으려면 6차원의 공간을 매우 작게 만들어야 한다. 초끈이론에서는 4차원에서 초대칭이 있는 경우를 생각하며, 이 조건이 가능한 6차원의 범위를 많이 제한한다. 4차원에서 초대칭이론을 주게 하는 6차원 공간들은 그 수가 매우 많으며 처음으로 이러한 공간들을 연구한 수학자들의 이름을 따서 칼라비-야우(Calabi-Yau) 공간이라고 부른다. 초끈이론의 정합성이 증명된 후부터 칼라비-야우 공간에 대한 방대한 연구가 진행되어왔다. 이러한 방대한 연구의 결과로 우리는 초끈이론이 제공하는 공간의 개념들이 보통 우리가 아는 공간의 개념들과 중요한 부분에서 다르다는 점을 이해하게 되었다.

끈이론의 기하학 : 최소 길이의 존재

끈이론이 보여주는 새로운 기하학의 하나가 T – 이중성 (T- duality)이다. 이는 끈이론이 사는 공간 중의 하나가 반경이 R인 원인 경우에 일어나는 현상이다. 보통 우리가 가지는 기하학적 관점에서는 반경 R이 작으면 작아질수록 그 공간을 인지하기가 무척 힘들다. 이는 위에서 예를 든 고무호스의 경우를 생각해보면 알 수 있다. 고무호스의 반경이 작으면 작아질수록 고무호스는 더욱더 일차원의 끈처럼 보일 것이다. 하지만 끈이론의 경우는 상황이 조금 다르다.

끈이론이 사는 공간 중의 하나가 반경이 R인 경우 이는 반경이 R에 반비례하는 다른 끈이론으로 기술될 수 있다. 고무호스의 비유를 들면, 우리가 고무호스의 반경을 매우 작게 줄인다 하더라도 끈이론은 결코 고무호스를 일차원의 끈으로 볼 수 없고, 오히려 고무호스의 반경이 점점 커지는 것처럼 보게 되는 것이다. 이렇게 겉으로 볼 때 우리의 기하학적 직관과 모순되는 듯한 일들이 끈이론에서는 자주 일어나게 된다. 위의 예를 좀더 자세히 다룬다면 반경 R을 작게 하는 경우 처음에는 그 공간의 반경이 점점 작아지는 것으로 인지된다. 하지만 그 반경이 '끈 길이'보다 더 작아지면 다시 반경이 커지는 것처럼 보이게 된다. 즉 끈이론의 경우에 가질 수 있는 가장 작은 원의 반경은 '끈 길이'이다. 길이에 최소값이 있다는 것은 끈이론이 가지는 특이한 기하학적 성질의 하나이다.

여기서 '끈 길이'는 많은 경우 '플랑크 길이'에 근접하는 길이로서 10^{-31}cm정도의 길이다. 우리가 접하는 대부분의 길이가 이보다 훨씬 크기 때문에 T - 이중성을 일상에서는 관측할 수 없다. 하지만 최근에는 '끈 길이'가 '플랑크 길이'보다 훨씬 클 수 있다는 가능성이 제기되었다. 이러한 주장이 맞는 경우 우리는 가까운 시일 안에 우리의 기하학적 직관에 반하는 T - 이중성을 입자가속기를 이용한 실험을 통해서 발견할 수 있다.

끈이론에서의 기하학적 성질의 변환

끈이론의 기하학이 가지는 또 다른 특징은 끈이론이 사는 공간이 특이점을 가지더라도 끈이론이 많은 경우 그러한 공간에서도 잘 정의가 된다는 사실이다. 많은 경우 공간의 기하학적 분석에서 공간은 스무드(smooth)한 것으로 가정되고, 이러한 가정이 맞지 않는 공간의 경우 그 분석이 힘들어진다.

스무드한 공간을 일반적인 용어로 설명하기 위해서는 산의 풍경을 생각해보는 것이 좋다. 우리나라의 산들은 비교적 경사가 완만한 노년기 산들이 많다. 즉 산세의 변화가 비교적 완만하다. 하지만 장년기 지형에 해당하는 산은 그 산세가 험해서 경사가 매우 급하다. 위에서 말한 완만한 산들이 스무드한 공간에 해당하고, 산세의 변화가 극단적으로 심한 경우가 공간에 특이점이 있는 경우에 해당한다.

끈이론에서는 이러한 특이점들이 있는 공간에서도 끈이론이 잘 정의되는 경우가 많으며, 이는 끈이론이 보는 스무드한 공간의 개념이 보통 우리가 정의하는 스무드한 공간과 다르며 그 범위가 매우 넓다는 것을 의미한다. 끈이론이 특이점을 갖는 공간에서도 잘 정의된다는 사실은, 이 이론이 정의되는 공간의 기하학적 성질이 바뀌는 과정도 허용된다는 것을 의미한다.

기하학에서는 전혀 다른 성질을 갖는 공간이 특이점을 갖는 공간을 통하여 연결되는 경우가 종종 있다. 이러한 예의 하나가 국소적으로 2차원 구를 3차원 구로 대치하는 경우이다. 국소적으로 2차원 구가 특정한 칼라비-야우 공간에 존재하는 경우, 2차원 구의 반경이 R일 때 그 곡률은 반경에 반비례한다. 따라서 반경이 작으면 작을수록 곡률은 커진다. 산의 비유에서는 산세가 험한 경우에 속한다.

특정한 칼라비 – 야우 공간에서는 2차원 구의 반경을 0이 되게 만들어 칼라비 – 야우 공간이 특이점을 갖게 되면, 이 특이점에서 2차원 구를 3차원 구로 대치하여 3차원 구의 반경을 점점 키울 수 있음이 알려져 있다. 이러한 과정을 통해서 전혀 다른 성질을 가진 공간들이 연결된다.

앞에서 우리는 끈이론이 살 수 있는 6차원 공간의 가능성이 매우 많다고 기술하였다. 하지만 특이점을 지나면서 하나의 공간에서 다른 공간으로 갈 수 있기 때문에 초끈이론이 보는 가능한 공간들의 숫자는 매우 줄어들게 된다. 즉 우리가 서로 다르게 인지하는 공간들이 끈이론의 기하학에서는 그 차이가 그리 크지 않은 것으로 보인다.

거울 대칭

이러한 특이한 끈이론의 기하학적 현상의 또 다른 특징이 거울 대칭이다. 초끈이론의 특징 중 하나는 초끈이 1차원 물체이고 이 1차원 물체가 시간에 따라 움직이는 궤적이 2차원 표면을 나타낸다는 것이다. 이를 'world-sheet'라고 한다. 또한 이 초끈이론이 움직이는 공간은 10차원 공간이다. 따라서 초끈이론의 구조를 연구하려면 world-sheet의 구조를 연구할 수도 있고, 초끈이론이 움직이는 10차원 시공간의 구조를 연구할 수도 있다. 많은 경우 2차원 world-sheet의 물리학적 현상이 10차원에서의 물리학적 현상과 밀접한 관련이 있다. 초끈이론이 존재하는 공간이 10차원이어야 한다는 사실도 2차원 world-sheet의 양자역학적 정합성을 요구하면 유도될 수 있다.

한편 2차원의 끈이론을 기술하는 world-sheet 이론은 등각 대칭(conformal symmetry)이라는 매우 좋은 대칭성을 가지고 있어서 2차원의 끈이론의 구조를 밝히는 데 많은 도움을 준다. 이러한 2차원적 끈이론의 구조가 심원한 10차원 시공간의 기하학적 구조를 의미하는 경우가 거울 대칭이다. 초대칭을 갖는 10차원 공간을 기술하기 위해서는 2차원의 world-sheet 이론이 초대칭 등각 대칭의 성질을 갖는다.

이 대칭성의 한 경우는 매우 단순한 것으로서 parity 대칭과 같은 것이다. 이는 한 물체의 상이 그 물체의 거울상과 같은 경우에 해당한다. 오른손과 왼손은 서로 거울상이지만 둘이 같지는 않다. 하지만 정사각형은 거울에 비친 정사각형의 모양과 정확히 같다. 이러한 유비에 의해서 2차원의 한 이론과 이를 (위에서 언급한) parity 변환한 이론은 같은 이론이 된다. 이것이 거울 대칭의 기원이다.

하지만 놀라운 사실은 이 두 이론이 구현하는 10차원 공간의 구조는 매우 다르다는 사실이다. 10차원 공간의 4차원은 보통의 밍코브스키 공간이고, 따라서 이는 두 이론이 구현하는 6차원 칼라비-야우 공간이 전혀 다르다는 것을 의미한다. 즉 우리에게 익숙한 기하학적 관점에서는 전혀 다르게 보이는 두 공간이 끈이론의 입장에서는 같은 2차원 이론에 의해서 구현되는 것이다. 서로 다른 6차원 공간이 같은 끈이론에 의해 기술된다는 사실은 매우 재미있는 여러 현상들을 내포한다. 그 중에 재미있는 것이 한 칼라비-야우 공간에서는 매우 어려운 계산이 다른 칼라비-야우 공간에서는 매우 쉬운 계산이 된다는 점이다. 이러한 사실은 수학에서 매우 어려운 문제(가령 특정한 2차원 면이 특정한 칼라비-야우 공간에 몇 개나 존재하는가)를 매우 쉽게 풀 수 있는 단초를 제공하였다.

플랑크 길이에서의 기하학 : 시공간 거품(space time foam)

플랑크 길이는 10^{-33}cm로서, 이 길이에서는 양자중력의 효과가 매우 커서 우리가 가지는 시공간이라는 개념이 성립하지 않을 것으로 생각된다. 또한 양자중력에 의한 양자적 흔들림이 매우 크고 이로 인해서 시공간의 기하학적 양태도 매우 큰 양자적 흔들림을 겪을 것이라고 기대할 수 있다. 초끈이론에서도 이 영역에 대한 기술은 일반적으로 어려운 문제로 남아 있다. 이 영역을 기술하기 위해서는 플랑크 길이보다 더 작은 영역을 탐지할 수 있는 양자 상태를 만들어야 하는데, 그러자면 블랙홀의 생성과 그와 관련된 문제를 해결해야 하는 난관에 부딪치게 된다. 하지만 최근 위상적 끈이론에서 플랑크 길이에서의 시공간의 흔들림에 대한 단서가 제공되었다.

위상적 끈이론은 끈이론의 특정한 부문에 대한 정보를 제공해주는 이론이다. 위상적 끈이론의 계산은 일반적인 끈이론보다 용이해서 많이 연구되어왔으며, 끈이론 자체의 구조 이해에 많은 도움을 주었다.

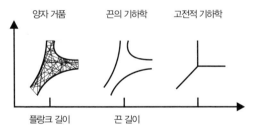

A. Iqbal, N, Kekrasov, A. Okounkov, C. Vafa의 Quantum Foam and Topological String에서 발췌

위상적 끈이론이 제시하는 바에 의하면 플랑크 길이의 영역에서는 시공간이 거품 형태를 이루어서 무수히 생성되고 소멸하면서 시공간의 기하학적 양태의 흔들림을 제공한다. 하지만 플랑크 길이보다 더 큰 영역에서는 이러한 시공간의 양자적 흔들림이 매우 작아져서 스무드한 끈이론의 기하학을 볼 수 있고, 이보다 더 큰 영역에서는 우리가 아는 고전적인 기하학이 성립한다.

D-브레인과 M이론

일반적으로 우리가 주어진 물리이론을 제대로 이해할 수 있는 영역은 상호작용이 약한 곳이다. 상호작용이 강해지면 섭동론적인 접근방법은 수학적으로 더 이상 유효하지 않다. 이는 물리적으로 다음과 같이 이해할 수 있다.

어떤 이론을 연구할 때 대부분의 경우 우리는 그 이론에서 구성요소들 간에 상호작용이 없는 경우를 먼저 고려하여 기본 자유도를 알아낸다. 즉 이 경우 구성요소 자체가 기본 자유도가 되는 것이다. 그런 다음 상호작용이 생겨나도 그 크기가 작으면 그 물리계의 기본 자유도의 개수와 종류 등 주요 성질에는 변화가 없을 것이다. 다만 기본 자유도가 가지는 유효질량(effective mass)이나 유효전하의 값 따위가 달라질 것이다. 이런 값들의 변화 정도는 섭동론으로 계산할 수 있다. 그러나 상호작용이 커지면 원래의 자유도는 더 이상 자유롭지 못하여 그 물리계를 제대로 기술하지 못하며, 전혀 다른 자유도(예를 들어 원래 구성 입자들의 결합 상태)들로 그 계가 이루어지게 된다. 즉 전혀 다른 이론으로 기술해야 하는 것이다.

앞에서 언급한 대로 1980년대에 밝혀진 것에 따르면 초끈이론에는 다섯 가지 종류가 있다. 초끈의 상호작용의 세기를 나타내는 결합상수가 작으면 이들은 각각의 초끈으로부터 섭동론적으로 잘 설명된다. 그럼 결합상수가 큰 영역에서는 어떻게 될까? 이 영역에서는 원래의 초끈으로는 더 이상 기술할 수 없을 것이다.

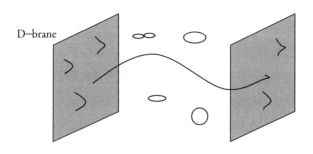

열린 끈의 양 끝점은 항상 D-브레인에서 끝난다.
반면에 닫힌 끈은 아무 데나 존재할 수 있다.

1990년대 중반에 이 영역에 대한 이해를 돕는, 초끈이론의 2차 혁명(Second Revolution)이라고 불릴 정도의 큰 발전이 이루어졌다. 그 근간에는 다음의 두 가지 핵심적인 관찰이 있었다. 첫째, 초끈에는 D – 브레인(D-brane)이라 불리는 다양한 차원을 가지는 물체가 존재한다. 둘째, 다섯 가지의 초끈은 완전히 독립적인 것이 아니라 서로 관련되어 있으며 모두 11차원에 존재하는 M이론으로부터 나온다. 이 장에서는 최근의 초끈이론을 규정짓는 이 두 가지에 대해 얘기할 것이다.

D-브레인

일반적으로 초대칭성을 가지는 이론의 경우 아무것도 없는 소위 진공(vacuum) 상태에서는 그 이론에 존재하는 모든 초대칭성이 유지된다. 초대칭성이 충분히 많은 이론의 경우 흔히 BPS 상태라고 불리는 물체가 존재하는데, 이는 초대칭성 중 일부가 보존되는 상태를 말한다. 앞에서 언급한 대로 물리계를 다룰 때 대부분의 경우 그 안의 입자(또는 끈) 간의 상호작용이 작은 영역은 이해하기가 쉽지만 상호작용이 커지면 섭동론을 더 이상 쓸 수가 없다. 예를 들어 BPS 상태는 섭동론으로 구할 수 없는 비섭동적인 물체이다.

BPS 상태가 물리적으로 중요한 대상인 또 하나의 이유는 이것이 가지는 초대칭성으로 인해 섭동론의 보정을 안 받는다는 것이다. 즉 상호작용의 크기를 나타내는 결합상수가 점점 커져도 BPS 상태는 여전히 BPS 상태로 남아 있게 되고 질량이나 전하가 변하지 않는다.

초끈이론의 경우에 많은 종류의 이러한 BPS 상태가 존재한다. 특히 부피를 가지는 다양한 차원의 BPS 물체가 존재하는데, 그 중 대표적인 것이 D-브레인이다. (브레인이란 2차원 물체인 막(membrane)에서 유래된 말로, 예를 들어 5차원 물체의 경우 5-브레인(five-brane)이라 한다.) 이러한 p차원 D-브레인들이 p차원 공간을 완전히 감고 있을 때 이들은 부분적으로 초대칭성을 유지하는 소위 BPS 상태가 된다. D-브레인 위의 자유도는 양 끝점이 D-브레인에서 끝나는 열린 끈들로 주어지며, D-브레인이 없는 곳에서는 오직 닫힌 끈만 존재한다.

초끈이론에는 전자기장과 성격이 비슷한 것들이 많이 있다. 이런 전자기장과 같은 것들을 발생시키는 물체들은 이들의 전하를 띤 것이다. 예를 들어 우리에게 익숙한 전자기장, 즉 빛을 만들어내는 원천은 기본적으로 전자처럼 점전하를 가지고 있는 입자이다. 이와 마찬가지로 p차원 공간에 펼쳐져 있는 p차원 브레인 중에도 전하밀도를 가진 것이 존재할 수 있다. 초끈이론의 경우 이러한 전하들과 1차원 브레인으로 볼 수 있는 질량을 가진 끈 자체, 그리고 열린 끈이 살고 있는 D - 브레인 등이 존재한다.

1980년대 중반에 초끈이론은 초대칭성의 개수와 초끈의 종류에 따라 다섯 가지가 존재함이 알려졌다. 이중 초대칭성이 가장 큰 것으로 IIA형과 IIB형 두 가지 이론이 있으며, 이들은 원래 닫힌 끈만 존재하는 이론으로 알려진 것들이었다. 열린 끈과 닫힌 끈을 모두 가지고 있는 이론으로 알려져 있던 것은 I형(type I) 초끈이론이라는 것이다. 그러나 D - 브레인의 존재가 알려지면서 이들 IIA형과 IIB형 이론에도 D - 브레인 위에 살고 있는 열린 끈이 존재할 수 있음이 밝혀졌다. IIA형 초끈이론에는 짝수 차원의 D - 브레인이 존재하며, IIB형 초끈에는 홀수 차원의 D - 브레인이 존재한다. 이 새로운 발견으로 I형 초끈이론을 또 다른 초끈이론인 IIB형 초끈이론의 특수한 경우로 생각할 수 있게 되었다. 즉 IIB형 초끈이론에 존재하는 9차원 D - 브레인이 전 공간을 채우고 있어서 열린 끈들이 전 공간에 존재할 수 있는 경우를 생각할 수 있게 된 것이다.

S-이중성(S-duality)

어떤 이론의 상호작용이 큰 영역에서의 물리와 다른 이론의 상호작용이 작은 영역에서의 물리가 일치할 때 그들 두이론 간에는 S-이중성이 존재한다고 말한다. S-이중성은 강한 상호작용의 영역과 약한 상호작용의 영역 간의 대응성 (strong-weak coupling duality)의 약자이다.

전자기이론을 예로 들어보자. 전기장은 전하를 가지는 물체에 의해서 발생하는 반면, 자기장은 전하가 움직일 때 발생한다. 즉 자기장에는 자기장을 만들어내는 원천인 자기전하(monopole)가 발견되지 않았다. 하지만 이런 자기전하가 존재한다고 가정해보자. 이 경우 전자기장을 기술하는 맥스웰의 방정식을 살펴보면 전기장과 자기장을 맞바꾸고 전하와 자기전하를 맞바꾸어도 똑같은 방정식이 된다는 것을 확인할 수 있다. 즉 전기장과 자기장의 역할이 바뀐 이론을 고려할 수 있다. 그런데 전하와 자기전하는 각 이론의 상호작용의 세기를 나타내는 결합상수이며 그들 간에는 역관계가 존재한다. 즉 전하가 커지면 자기전하는 작아지는 것이다. 자기전하가 존재한다면 마치 전자기이론이 자체적으로 S-이중성을 가지고 있는 것처럼 보이는 것이다. 그럼 초끈이론의 경우는 어떨까?

IIB형 초끈이론에는 홀수 차원의 D－브레인이 존재한다. 이 중 1차원 D－브레인은 초끈과 마찬가지로 일종의 끈이며 그 단위 길이당 질량이 초끈의 결합상수에 반비례한다. 즉 초끈의 상호작용이 매우 작으면 굉장히 무거워지고 상호작용이 커지면 매우 가벼운 물체가 된다. IIB형 이론의 경우 상호작용이 커지면 초끈은 더 이상 자유롭지 못하게 된다. 대신 D1－브레인이 굉장히 가벼워지면서 초끈을 대체하는 유효 자유도가 되는데, 이 D1－브레인에 의한 이론이 원래의 초끈이론과 똑같은 꼴의 IIB형 이론이 된다. 즉 IIB형 초끈이론은 자체적으로 S－이중성을 가지고 있다.

그러나 우리가 상호작용이 강해질 때의 물리현상을 구체적으로 알아내기는 매우 힘들다. 그럼 어떻게 해서 정말 이런 S－이중성이 있다고 얘기할 수 있을까? 여기서 큰 역할을 하는 것이 바로 BPS 상태이다. 앞에서 언급한 대로 BPS 상태는 섭동론에 의한 보정이 없이 결합상수를 키워도 질량이나 전하 따위가 그대로 유지된다. D1－브레인 역시 BPS 상태이며, 따라서 강한 상호작용의 영역에서 이들의 성질을 알 수 있다. 다른 BPS 상태들의 경우도 마찬가지다. 이로부터 약한 상호작용 영역에서의 BPS 상태가 강한 상호작용 영역에서도 여전히 BPS 상태로 남아 있고, 단지 역할만 서로 바뀐 것임을 확인할 수 있다.

M이론

  그럼 또 다른 초끈이론인 IIA형 초끈이론의 경우는 그 결합상수가 커질 때 어떻게 되는가? IIA형 초끈이론에는 짝수 차원의 안정된 D-브레인이 존재한다. 이는 IIB형 이론의 경우와 달리 IIA형 이론이 초끈을 대체할 만한 1차원 BPS 상태가 없음을 의미하므로, 자체적으로 S-이중성을 가질 수 없다. IIA형 이론에는 질량이 없는 모드(고유 진동 형태) 중에 중력장과 전자기장(이는 4차원에 존재하는 전자기장과 성격이 같지만 동일한 것은 아닐 수 있다)이 존재한다.

  앞 장에서 소개한 칼루자-클라인의 착상에 따르면 이는 11차원의 중력장에서 유래됐다고 생각할 수가 있다. 11차원에는 유일무이한 초대칭 중력이론이 존재한다. 놀라운 사실은 10차원 IIA형 이론의 다른 모든 질량이 없는 모드들도 11차원의 초대칭 중력이론으로부터 유래된 것으로 생각할 수가 있다는 점이다. 즉 IIA형 이론은 우리가 그전에 알지 못했던 11차원의 이론이 11차원 중 1차원이 매우 작은 원으로 되어 있을 때의 이론에 해당될 가능성이 있다는 것이다. 이것을 받아들이면 11번째 방향인 원의 크기가 10차원 초끈의 결합상수에 비례한다는 것을 알 수 있다. 즉 IIA형 초끈이론의 결합상수가 커지면 사실은 10차원이 아니라 11번째 차원

이 커지면서 11차원의 이론이 나타나는 것이다. 이 11차원의 이론을 M이론이라 한다.

'M'이란 말은 어디서 나왔는가? 이 이론에 대해서 모르는 게 너무 많아서, 사람에 따라 'Mystery' 혹은 2차원 막이 존재한다는 뜻의 'Membrane', 심지어 모든 초끈이론의 원천이라는 의미에서 'Mother'의 약자라고 해석하기도 한다. 어쨌든 실제 이러한 M이론이 존재함을 시사하는 많은 이론적인 데이터들이 있다.

M이론에는 2차원 막과 5차원 브레인이 존재하며, 낮은 에너지 영역에서 11차원 초대칭 중력이론이 된다. 2차원 막이 11번째 방향인 1차원 원을 감고 있으면 한 차원 낮은 10차원 IIA형 이론에서는 1차원 끈으로 보일 것이다. 또한 1차원 원을 감고 있지 않으면 10차원에서도 여전히 2차원 막으로 보일 터인데, 그것이 바로 2차원 D – 브레인이다. 이

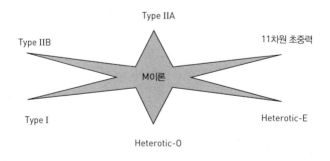

외에도 10차원 IIA형 초끈이론을 포괄하는 11차원 M이론의 존재를 시사하는 여러 가지가 알려져 있다. IIA형 이론과 IIB형 이론은 T – 이중성으로 연결되어 있다. 따라서 초끈이론에 존재하는 T – 이중성, S – 이중성으로부터 모든 초끈이론이 M이론과 연결되어 있음이 밝혀진 것이다.

문제는 이 M이론이 가지는 성질들이 꽤 알려져 있지만, 기본적인 원칙으로부터 출발하여 이 이론을 탐구할 수 있는 방법이 현재로서는 전혀 없다는 것이다.

블랙홀

    기존의 이론을 뒤엎는 새로운 체계의 발견은 많은 경우 기존의 이론으로 설명이 안 되는 구체적인 예를 규명하려는 노력에서 나온다. 가장 좋은 예가 말 그대로 20세기를 열었던 플랑크(Planck)의 흑체복사(black body radiation)이다. 고전적인 이론으로 도저히 설명할 수 없는 흑체복사 현상을 설명하기 위한 유일한 방법은, 빛이 임의의 에너지 값을 가지는 것이 아니라 어떤 기본적인 단위의 정수배만 가지는, 즉 빛의 양자화를 가정하는 것이다. 이로부터 20세기 물리학의 토대가 된 양자역학이 탄생했다.

    블랙홀(black hole)이라는 물체에 많은 물리학자들이 관심을 가지는 이유는 '이 물체의 물리적 성질을 이해하려는 노력으로부터 아직 완성하지 못한 양자중력이론에 대한 단서를 얻을 수 있지 않을까?' 하고 기대하기 때문이다. 블랙홀에는 아직 우리가 이해하지 못하는 것이 많이 있다. 여기서는 이러한 수수께끼들이 무엇인지 그리고 초끈이론에서는 이 중 무엇을 어떻게 설명하고 다른 것들에 대해서는 어떻게 추측하는지에 대해 이야기하고자 한다.

블랙홀이란 무엇인가

앞에서 얘기한 대로 굉장히 질량이 큰 물체가 핵에너지 등 모든 다른 에너지를 잃고 중력에 의해서 붕괴되면 결국 블랙홀이 될 수 있다. 그럼 어느 정도 커야 블랙홀이 될 수 있는가? 질량을 가지는 모든 물체는 그 질량에 비례하는 슈바르츠실드(Schwarzschild) 반경을 가지며, 이 반경 안으로 물체가 압축되면 그것은 블랙홀이 된다.

태양의 경우 질량이 대략 2×10^{33}g 정도 되는데, 이것의 슈바르츠실드 반경은 3km 정도이다. 항성의 경우 모든 핵에너지를 잃고 중성자들로만 이루어진 별이 될 수 있는데, 그때 그 질량이 대략 태양의 1.5배 이상이 되면 결국 블랙홀이 된다. 이때 반경이 슈바르츠실드 반경으로 주어지는 구면 안쪽으로 들어가면 설사 그것이 빛이라 할지라도 빠져나오지 못하게 되어 이 구면을 '사건의 지평선'이라 부른다. 즉 이 사건의 지평선이 바로 블랙홀의 안과 밖을 경계짓는 것이다.

일반상대론은 이런 블랙홀의 존재를 예언하는데, 과연 이것이 실재할까? 그리고 실재한다면 과연 이것을 어떻게 관측할 수 있을까? 블랙홀에서는 빛을 포함한 아무것도 빠져나올 수 없으므로 이를 직접 볼 수는 없다. 하지만 블랙홀이 있으면 그것이 내는 강력한 중력장 때문에 그 주변에 있는 물체들의 운동이 영향을 받을 것이다. 이를 이용하여 지난 수십 년간 블랙홀의 존재를 시사하는 많은 관측 증거들이 축적되어왔다.

천문학자들은 블랙홀 근처에 있는 보통의 별들이 가지는 비정상적인 운동을 찾음으로써 블랙홀의 존재를 탐색한다. 예를 들어, 별 외곽의 먼지나 가스가 블랙홀의 사건의 지평선으로 빨려들어갈 때, 그것들은 거의 빛의 속도에 가까운 가속을 받게 된다. 그러한 속도에서, 돌면서 빨려 들어가는 물질이 만드는 거대한 소용돌이 내에서의 마찰은 막대한 양의 열을 내며, 먼지와 가스의 혼합체가 작열하면서 보통의 가시광선과 X - 선을 내도록 만든다. 이러한 복사는 사건의 지평선 바깥에서 일어나므로, 블랙홀로부터 벗어날 수가 있고, 우리가 직접 관측할 수 있다. 일반상대론은 그러한 X - 선 방출이 갖게 될 성질들을 상세하게 예측할 수가 있다.

이런 예측된 성질들의 관측은 간접적이긴 하지만 블랙홀이 존재함을 강력히 시사한다. 예를 들어, 이런 관측의 결과로 우리 은하계의 중심부에 태양 질량의 250만 배에 달하는 아주 무거운 블랙홀이 있다고 믿는다. 이보다 훨씬 큰 블랙홀들도 있다. 우주에 산재한 엄청나게 밝은 퀘이사(Quasar : 우주의 끝에 있는 최근에 발견된 새로운 천체로서 밝기가 보통 은하의 백 배나 된다)들의 중심부에 존재하는 것으로 믿어지는 블랙홀들은 태양의 수십 억 배에 달하는 질량을 갖는다.

블랙홀의 열역학적 성질

4차원 시공간에서 슈바르츠실드 반경은 블랙홀의 질량에 비례하므로, 사건의 지평선(3차원 구의 표면)이 갖는 면적은 블랙홀의 질량의 제곱에 비례하게 된다. 호킹은 이러한 사실과 블랙홀은 무엇이든 빨아들인다는 성질로부터 사건의 지평선의 면적은 항상 증가한다는 것을 입증해냈다.

예를 들어 약간 떨어져 있는 두 개의 슈바르츠실드 블랙홀을 생각해보자. 두 블랙홀 간에는 중력이 작용하므로 서로 합쳐질 것이다. 그런데 두 블랙홀의 각각의 면적의 합은 두 블랙홀이 합쳐져 하나로 된 블랙홀의 면적보다 작다. 즉 항상 블랙홀의 면적이 증가하는 방향으로 진행되는 것이다.

1970년 베켄슈타인은 이러한 호킹의 결과가 열역학 제2법칙인 엔트로피 증가의 법칙과 유사하다는 데 착안하여, 블랙홀이 엔트로피를 가지며 이는 사건의 지평선의 면적에 비례한다는 놀라운 제안을 하였다. 하지만 이 제안은 곧 많은 반론에 부딪치게 되었다. 호킹 또한 반론을 제기하였는데, 그는 만약 열역학의 법칙과 블랙홀이 따르는 법칙이 유사하다면, 블랙홀이 온도를 가져야 하는데, 이는 블랙홀의 성질과 명백히 위배된다고 주장했다. 왜냐하면 온도가 있다는 것은 블랙홀로부터 열적인 복사가 있다는 의미이지만, 블랙홀은 말 그대로 검은 존재여서 블랙홀로부터는 그 어떤 것도 방출되지 않기 때문이다.

하지만 이 반론은 양자역학을 무시하고 일반상대론이라는 고전적인 입장에 국한했을 때에만 올바르다는 것이 밝혀졌다. 1974년에 호킹이 증명한 바에 의하면, 사건의 지평선 근처의 강한 중력장 하에서 양자효과에 의해 입자의 쌍생성이 일어난다. 이때 음의 에너지를 가지는 반입자를 흡수하고 양의 에너지를 가지는 입자가 블랙홀에서 멀어지면 실제적으로 블랙홀의 질량(에너지)이 작아지며 복사가 일어난다는 것을 보였다.

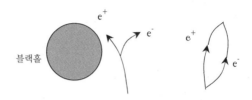

블랙홀 근방에서 양자요동에 의해 생성된 입자들 중에 양의 에너지를 가지는 입자는 블랙홀로부터 멀어지고 음의 에너지를 가지는 반입자는 블랙홀 안으로 흡수될 수 있다.

블랙홀 시공간을 고전적으로 다루고 그 배경 위의 물체들의 양자효과를 고려하면 마치 이것이 보통의 흑체(black body)처럼 열복사를 함을 볼 수 있다. 이때 블랙홀의 온도는 사건의 지평선에서의 중력장의 세기로 주어진다. 올바른 블랙홀의 물리를 이해하는 데 양자효과가 중요함을 시사하는 이 결과는 블랙홀이 엔트로피와 온도를 가지며 열역학의 법칙을 따른다는 것을 보여준다. 결국 베켄슈타인의 제안은 옳았던 것이다.

하지만 이러한 이론적인 진전에 대한 실험적인 검증, 예를 들어, 호킹의 계산에 따른 블랙홀로부터의 복사는 관측이 힘들다. 이는 기본적으로 블랙홀의 질량이 커질수록 블랙홀의 온도는 낮아지며, 따라서 복사도 적어지기 때문이다. 예를 들어, 블랙홀의 질량이 대략 태양 질량의 3배일 때, 블랙홀의 엔트로피는 10^{78}이라는 어마어마한 양을 가지지만, 온도는 10^{-8}K로서 극히 낮다. 이렇게 작은 값은 블랙홀로부터 복사를 관측하는 것이 거의 불가능하다는 것을 말해준다.

열역학은 거의 무한대에 가까운 자유도를 가지는 물리계를 거시적으로 다룬 체계이다. 열역학이 주는 결과를 미시적으로, 즉 근본적으로 이해하려면 통계역학으로 다루어야 한다. 블랙홀의 경우도 마찬가지이다. 즉 블랙홀의 열역학적 성질을 근본적으로 이해하려면 블랙홀의 통계역학을 다루어야 한다.

블랙홀 엔트로피

엔트로피는 수없이 많은 물체를 포함하는 물리계를 통계적으로 다룰 때 가장 기본적인 물리량이다. 이는 그 물리계를 구성하는 미시적 자유도들이 그 계의 주어진 거시적 물리량을 유지하면서 가질 수 있는 가능한 상태들의 가짓수에 의해 결정된다. 블랙홀을 특징짓는 거시적인 물리량은 블랙홀의 질량, 전하 그리고 각운동량뿐이다. 기체에 대한 통계역학적 연구가 기체의 미시적인 자유도인 기체분자로부터 시작되는 것처럼 블랙홀의 통계역학은 블랙홀의 미시적인 자유도를 알아내는 것부터 시작해야 할 것이다.

앞서 언급한 호킹의 계산과 그 이후의 계산들은 양자역학적 효과를 다루기는 하지만 블랙홀을 미시적으로 이해했다고 보기는 어렵다. 왜냐하면 이들 계산은 양자중력이론을 모르는 상태에서의 시공간, 즉 블랙홀은 일반상대론을 이용하여 고전적으로 다루고, 그 시공간 배경 위 사건의 지평선 바깥에 존재하는 물체들만 양자역학적으로 다루는, 소위 준고전적인 방법을 취했기 때문이다. 따라서 블랙홀 자체의 미시적 자유도에 대해서는 얘기할 수가 없다. 더구나 블랙홀 엔트로피가 사건의 지평선의 면적으로 주어진다는 결과는 얻었지만, 이는 양자효과의 고차 보정은 무시한 결과이고, 그 고차 보정을 무시하는 근거도 제시하지 못하고 있다. 초끈이론은 이 문제에 대하여 매우 놀라운 성공을 거두었다.

초끈이론과 블랙홀 엔트로피

앞서 이야기한 대로 초끈이론은 양자중력이론을 포함한다. 초끈이론 내에는 열린 끈과 닫힌 끈, 두 종류의 끈이 존재한다. 이들 각각은 그 진동 모드(vibrating mode)에 따라 여러 다양한 형태의 에너지 양자로 나타나는데, 닫힌 끈의 모드 중 하나가 중력을 매개하는 중력자(graviton)이다. 이 입자는 낮은 에너지 영역에서 일반상대론의 법칙에 따라 작용한다. 따라서 초끈이론 내에도 블랙홀이 존재하며, 초끈이론이 제대로 된 양자중력이론이라면 블랙홀이 가지는 여러 특성들을 잘 설명할 수 있어야 할 것이다. 소위 초끈이론의 2차 혁명기간에 얻어낸 최대의 성과 중 하나는 특정한 경우의 블랙홀이 가지는 엔트로피를 미시적으로 설명한 것이다.

일반적으로 초끈이론에서 블랙홀의 물리를 다루는 데에는 다음과 같은 난점이 존재한다. 초끈이론은 낮은 에너지 영역에서 중력을 포함하는 초대칭이론, 즉 초중력(supergravity)이론으로 기술된다. 앞에서 얘기한 블랙홀의 열역학적 성질은 이 초중력이론으로부터 나온다. 초끈이론에 존재하는 여러 종류의 브레인들을 많이 모으면 블랙홀을 만들 수 있다. 이때의 시공간 기하구조를 규정짓는 특성 길이는 곡률반경 또는 슈바르츠실드 반경이 될 것이다.

이 시공간 기하구조가 의미를 가지려면 이러한 특성 길이가 초끈이론 자체의 기본 길이(string scale)보다 커야 한다. 다시 말해 초끈이론의 기본 길이보다 큰 거리에서만 우리가 알고 있는 시공간 기하구조를 믿을 수 있다는 것이다. 따라서 초중력이론에서 블랙홀의 열역학적 성질을 구하려면, 끈의 결합상수와 모여 있는 브레인 개수의 곱으로 주어지는 이 두 길이의 비율이 1보다 훨씬 커야 한다는 조건이 나온다.

다른 한편으로 이 열역학적 성질을 미시적인 통계역학으로 이해하려면 그 블랙홀을 형성한 브레인들 위에서의 열린 끈들의 동역학을 다루어야 할 것이다. 그러나 이 열린 끈들을 초끈이론의 섭동론으로 다루려면 그 전개변수(expansion parameter) 역할을 하는 것이 끈의 결합상수와 브레인 개수의 곱으로 주어지는데, 이것이 1보다 작아야 한다는 조건이 나온다. 즉 블랙홀로 다룰 수 있는 변수의 영역과 그것을 초끈이론으로 설명할 수 있는 변수의 영역이 다른 것이다. 이 두 개의 다른 영역을 비교하기 위해선 초끈 결합상수를 증가시키는 영역 간의 보간(interpolation)이 필요하며 따라서 직접적인 비교는 불가능하다.

여기서 다시 한번 앞에서 언급한 BPS 상태가 필요하다. 앞에서 설명했듯이 BPS 상태에서 초끈의 섭동론으로 구한 물리량은 결합상수를 증가시키는 과정에서 그 값이 변하지 않으며, 따라서 중력에서 그에 대응되는 블랙홀 배경에서의 물리량을 바로 설명해줄 것이다.

일반적으로 전하를 띤 블랙홀은 이론적으로 가질 수 있는 전하의 최대값이 질량에 의해 제한된다. 달리 말해 전하를 띤 블랙홀 중에 가능한 최소한의 질량을 가진 블랙홀이 존재하는데, 이러한 블랙홀을 극한의(extremal) 블랙홀이라 한다. 이러한 블랙홀의 온도는 절대온도가 0K이며 따라서 호킹 복사가 없다. 그런 의미에서 이러한 블랙홀들은 안정적이다. 비록 이들은 온도가 0K이지만 어떤 경우 엔트로피가 0이 아닌 다른 값을 가지는데, 이것은 가능한 바닥 상태(ground state)의 수가 많음을 의미하는 것이다. 초중력이론에서 이러한 극한의 블랙홀은 흔히 BPS 상태이며, 실제로 초끈이론의 BPS 브레인들을 적당히 결합시켜 이러한 블랙홀을 만들어낼 수 있다.

여러 개의 5차원 D – 브레인들과 1차원 D – 브레인들이 겹쳐있고, 그 겹쳐진 방향으로 운동량을 가지는 초끈이론의 특별한 BPS 상태는 초중력이론에서 극한 블랙홀이 된다. D – 브레인들 위의 동역학은 초끈 결합상수가 작은 경우 브레인 위에 존재하는 열린 끈의 진동 모드 중 에너지가 가장 작은, 즉 질량이 없는 스칼라장(위치에 따른 크기만으로 결정되는 장)들과 그것들의 초대칭 짝들의 동역학으로 결정된다. 이들은 1차원 D – 브레인들이 펼쳐져 있는 방향으로만 움직일 수 있다. 따라서 이 물리계는 2차원 위의 초대칭 스칼라장론으로 기술된다.

바파(Vafa)와 스트로민저(Strominger)는 잘 알려진 이 2차원 양자장론의 결과를 이용하여 이 물리계가 가지는 상태들의 개수를 구하였고, 그로부터 얻어지는 엔트로피는 초중력이론에서 구한 엔트로피와 정확히 일치함을 보였다. 이것은 초끈이론을 사용하여 블랙홀의 주요한 문제 중 하나를 정확하게 설명한 최초의 사례로, 많은 초끈이론 물리학자들을 고무시켰다.

위에서 기술한 5차원 BPS 블랙홀에서의 놀라운 성공은 초끈이론이 올바른 양자중력이론이라는 것을 강력히 시사한다. 그 후 브레인들의 좀더 복잡한 모임으로부터 나오는 4차원 BPS 블랙홀에서도 D-브레인들의 동역학으로부터 베켄슈타인-호킹 엔트로피를 구하는 데 성공하였다.

다음 단계로 BPS에서 약간 벗어난 블랙홀의 경우를 집중적으로 연구하여 (BPS 상태에서의 결과들과 유사하게) 초끈의 섭동론으로부터 블랙홀의 열역학적 성질들과 잘 맞아떨어짐을 보일 수 있었다. 이는 비록 BPS 상태에 가까운 상태이긴 하지만, 양자 보정이 초대칭성에 의해 보호받지 못함에도 불구하고, 끈의 섭동론에서 구한 물리량들이 끈의 결합상수를 키우는 과정에서 그 구조가 그대로 유지된다는 점에서 놀라운 결과이다.

앞으로의 과제

현재 초끈이론에서 블랙홀 엔트로피 문제 중 완전히 해결되지 않은 가장 중요한 문제는 자연계에 존재할 것이라 믿어지는 대부분의 블랙홀에 해당되며, 또한 가장 단순한 구조를 가지는 슈바르츠실드 블랙홀 엔트로피의 통계역학적인 설명이다. 위에서 기술한 블랙홀의 경우와 달리 슈바르츠실드 블랙홀은 오직 질량만으로 기술되는 블랙홀이며 BPS 상태가 아니다. 현재에 이르기까지 초끈이론을 이용한 많은 시도가 있었지만, 이러한 단순한 블랙홀이 어떻게 그렇게 큰 엔트로피를 갖는지에 대한 만족할 만한 이해는 주어지지 않았다.

이러한 문제들과 밀접한 연관이 있는 더욱 근본적인 문제는 블랙홀의 형성과 호킹 복사 과정에서의 정보 손실(informa‐tion loss) 여부이다. 블랙홀은 여러 물질들이 모여 형성된다. 블랙홀을 형성하는 물질들은 블랙홀 형성 이전에 다양한 물리량 혹은 양자수를 갖는 것들이며, 원칙적으로 이 물리계를 양자파동함수로 기술할 수 있다. 비록 블랙홀의 물리량은 단순히 질량, 전하, 각운동량으로만 주어지지만, 우리는 앞에서 초끈이론을 이용하여 일반적으로 대단히 큰 값을 갖는 블랙홀의 엔트로피를 설명할 수 있었다. 만약 호킹 복사가 없다면 블랙홀의 엔트로피를 설명하는 것만으로 충분할지 모른다. 즉 블랙홀 형성 이전의 다양한 물리량들에 대한 정보는 블랙홀이 어떻게든 갖고 있다고 생각하면 될 것이다.

그러나 호킹의 계산에 따르면 블랙홀은 정적인 상태를 유지하는 것이 아니고, 호킹 복사로서 그 에너지를 방출하는 존재이다. 흑체복사와 같은 순수한 열적복사는 마구잡이 분포(ran-dom distribution)의 형태를 가지며, 복사의 원천(source)에 관한 아무런 정보도 포함하지 않는다. 만약 호킹 복사가 순수한 열적복사이고, 그 결과로 블랙홀이 완전히 증발해버린다면, 블랙홀이 가지고 있었던 정보가 어디론가 사라져버린 셈이 된다. 이는 블랙홀 증발 이후의 양자파동함수를 블랙홀 형성 이전의 양자파동함수로부터 구할 수 없음을 의미하는 것으로, 이를 블랙홀의 형성과 증발과정에서의 정보 손실 문제라 한다.

이 문제는 물리학자들 간의 첨예한 논쟁거리들 중 하나이며, 현재 결정적인 해법이 없는 상태이다. 물리학자들의 주장은 실제 정보 손실이 일어난다는 주장과 그렇지 않다는 쪽으로 나뉜다. 첫 번째 주장은 양자역학을 포함한 현재의 물리학에 대폭적인 수정을 요구하는 극히 급진적인 것으로, 호킹에 의해 대표된다. 대다수 물리학자들은 보다 보수적인 두 번째 주장을 선호하며, 현재의 물리학 체계 내에서 이를 설명하려고 한다.

보수적인 입장에서 제안된 설명 중 하나는 블랙홀이 완전히 증발하는 것이 아니라 마지막에 어떠한 잔여물이 남는다는 소위 잔여물 모형(remnant model)이다. 전하를 갖는 블랙홀인 경우, 호킹 복사가 일어난 후의 마지막 상태는 아마도 BPS 상태의 안정된 블랙홀일 것이다. 그러나 슈바르츠실드 형태의 블랙홀인 경우, 질량만을 가지고 전하는 없는 블랙홀이어서 그 잔여물이 무엇이 될지 불분명하다. 또 다른 설명으로는 호킹 복사가 실제로는 완전히 마구잡이인 열적복사가 아니며, 호킹 복사를 통해 블랙홀로부터 정보가 점진적으로 빠져나온다는 것이다. 이러한 보수적인 견해에 대한 확실한 증거는 아직 실제 직접적인 계산으로 제시되지 못한 상태이다. 다만 초끈이론을 통해 BPS 상태에 가까운 블랙홀의 호킹 복사 계산에서 흑체복사와는 다른 형태의 복사 분포를 얻어냄으로써 그 가능성은 엿볼 수 있었다.

비록 특정한 경우로 제한되어 있지만 초끈이론을 통한 블랙홀 엔트로피에 대한 미시적인 이해는 최근 6 – 7년간의 초끈이론의 소위 2차 혁명기간에 이루어진 가장 중요한 성과 중의 하나로서, 초끈이론이 성공적인 양자중력이론이 될 수 있음을 강력히 시사한다 할 것이다. 끈이론을 통한 블랙홀에

대한 이해는 완전한 양자중력이론으로서의 초끈이론을 확
립하는 데 중요한 역할을 하리라 기대된다.

양자중력이론과 홀로그래피 I

앞에서 블랙홀에 대해 논의하면서 언급했듯이, 비록 초끈이론이 (양자역학적으로 잘 기술되고 중력자를 포함하고 있어) 양자중력이론의 유력한 후보라고는 하지만, 여전히 양자중력 현상에 대한 우리의 이해는 낮은 수준에 머물고 있다. 이는 근본적으로 초끈/M이론이 완성이 되지 않았기 때문이라고 볼 수 있다. 그럼에도 불구하고 현재의 초끈이론에 대한 지식을 가지고 양자중력 현상에 대한 탐구를 하는 것은 매우 중요한 문제이다. 이는 특정 양자중력 현상 자체에 대한 이해 가능성 외에도 거꾸로 초끈/M이론에 대한 완전한 이해에 도움이 될 가능성이 높기 때문이다. 이 장에서는 양자중력이론

의 특성일 가능성이 높은 홀로그래피에 대해 이야기하고자
한다. 이 성질은 완전히 확인된 것은 아니지만 매우 유력한
가설이다.

홀로그래피(Holography)

흔히 3차원 입체영상이 2차원 평면 스크린에 나타내는 것
을 홀로그램이라 한다. 중력이 홀로그래피 성질을 가지고 있
다 함은 무엇을 의미하는가? 중력은 오직 인력으로만 작용
한다. 그렇기 때문에 힘이 비록 아주 작게 작용한다고 하더
라도 물체가 많이 모여 있을 때는 결코 무시할 수 없다. 우리
는 물리를 기술할 때 흔히 힘이 작용하지 않는 경우를 가정
하고 기술한 다음, 힘이 약하게 작용할 때를 섭동론적인 방
법으로 기술한다. 여기에서의 대전제는 힘이 작용하지 않는
경우와 비교하여 힘이 작용하는 경우에도 물리계의 자유도
와 같은 주요한 물리적 성질이 바뀌지 않는다는 것이다. 즉
정량(定量)적인 변화는 있으나 정성(定性)적으로는 큰 변화가
없어야 한다.

예를 들어 헬륨원자 안의 전자를 고려해보자. 헬륨원자는
핵과 두 개의 전자로 구성되어 있으며, 현재로서는 이들의

운동을 완벽히 묘사하는 것이 불가능하다. 그러나 전자 하나를 무시하면 이를 완전히 묘사할 수 있다. 이는 실험과 비교해 정성적으로 잘 맞아떨어짐을 알 수 있다. 나머지 전자의 존재를 섭동론으로 고려하면 에너지 레벨 등 주요 성질은 그대로 유지되면서 그 구체적인 에너지 값만 바뀌어 실험값에 가까워지는 것을 볼 수 있다. 이는 마치 원래의 핵이 가지고 있는 전하가 다른 전자의 존재에 의해 그 크기만 바뀌는 것으로 생각할 수 있는데, 중요한 점은 여전히 전하를 띤 물체로 작용한다는 것이다.

질량을 띤 물체가 많이 존재할 경우 중력 현상에 이 방법을 적용할 수 없을지 모른다. 그 대표적인 예로 진스 불안정성(Jeans instability)이란 것이 있다. 이에 따르면 비록 중력이 약하게 작용하지만 질량을 띤 물체가 충분히 많이 존재하는 경우 결국 블랙홀이 형성된다. 이는 기본적으로 중력이 인력으로만 작용하기 때문이다. 이 현상은 중력에 관해 우리에게 다음과 같은 점을 시사한다 할 수 있다.

우선 중력을 기존의 틀에서 섭동론적으로 해석하는 것이 불가능해 보인다. 이는 일반상대론을 양자역학적으로 기술하는 것이 불가능하다는 것과 일맥상통하는 것 같다. 예를 들어 일반상대론의 진공 상태를 표현하는 해(解)인 밍코브스키 시공간 위에서 중력자의 양자요동을 고려하면 이론에 모순이 생긴다.

여기서 더 나아가 이는 우리가 미시세계에서의 중력의 실제 자유도를 잘못 이해하고 있음을 시사하는 것이다. 중력자는 단지 낮은 에너지 영역(거시세계)에서 중력을 기술하는 데 효과적인 유효 자유도이며, 높은 에너지 영역(미시세계)을 기술하려면 뭔가 다른 것이 필요한 것이다. 주어진 물리계의 유효 자유도를 기술하는 것이 엔트로피이다. 많은 물체가 존재하는 계는 열역학에 의해 기술할 수 있는데, 열역학의 제2법칙에 의하면 이런 열역학적 물리계에서 모든 물리적인 과정은 항상 엔트로피가 감소하지 않는 방향으로 일어난다.

위의 진스 불안정성에 따르면 질량을 가진 물체가 많이 존재하면 결국 블랙홀이 형성되는데, 이 과정 역시 엔트로피가 증가하는 과정이어야 한다. 즉 마지막에 형성된 블랙홀이 원래의 상태보다 엔트로피가 큰 것이다. 그런데 앞에서 살펴보았듯이 블랙홀의 경우 엔트로피는 블랙홀의 면적에 비례한다. 이로부터 베켄슈타인이 임의의 중력계가 가질 수 있는 엔트로피의 상한선을 제시했다. 이에 따르면 어떤 부피 안의 중력계의 엔트로피는 그 부피를 둘러싸고 있는 면적에 비례한다. 이것은 무엇을 의미하는가? 무질서도를 표현하는 엔트로피는 주어진 물리계의 자유도와 연관되며 통상 부피에 비례하게 된다. 오직 중력계의 경우만 면적에 비례하는 것처럼 보이는 것이다.

토프트(t'Hooft)는 이로부터 다음과 같은 중력의 홀로그래
피 원리라는 제안을 하였다. 임의의 부피 내의 중력계는 그
부피를 감싸는 표면에 정의된 이론으로 기술할 수 있으며,
이 표면에 정의된 이론은 플랑크 면적이라 불리는 기본 면
적당 최대 하나의 정보를 포함할 수 있다. 이것은 매우 놀랄
만한 제안이기는 하지만 구체적인 예가 결여된 순수한 추론
의 결과이기 때문에 받아들이기가 쉽지 않다. 그러나 초끈이
론이 이 문제에 있어서도 매우 놀라운 예를 제시하여 많은
물리학자들의 비상한 관심을 끌게 되었다.

초끈이론에서의 홀로그래피 : AdS/CFT 대응관계

중력과 관련된 물리적 현상은 거시적인 혹은 고전적인 관
점에서 아인슈타인의 일반상대론으로 잘 설명할 수 있다. 하
지만 미시적인 세계에서 중력을 연구하려면 일반상대론을
양자역학의 틀 안에서 기술하는 소위 양자중력이론이 필요
하다. 현재 양자중력이론의 가장 유력한 후보는 초끈/M이론
이다. 그럼 초끈이론에서도 홀로그래피 현상이 존재하는가?
존재한다면 어떻게 나타나는가?

D3 - 브레인이 충분히 많이 모여 있는 경우를 생각해보자. 앞에서 얘기한 D - 브레인들로 이루어진 블랙홀의 경우와 마찬가지로 두 가지 방법으로 이를 기술할 수 있다. 하나는 D - 브레인 위의 열린 끈과 D - 브레인 밖의 닫힌 끈 그리고 이들 간의 상호작용으로 묘사하는 것이다. 이를 낮은 에너지 영역으로 제한해서 보면 열린 끈과 닫힌 끈 간의 상호작용이 무시되어 열린 끈만의 이론으로 제한할 수 있다. 더욱이 이 열린 끈의 이론은 게이지이론이라 불리는 전자기장이론을 확장한 양자장이론이 된다.

다른 방법은 이들 D - 브레인이 만들어내는 시공간 배경에서 닫힌 끈의 이론으로 묘사하는 것이다. 많은 D - 브레인이 모여 있으면 이들이 가지는 질량으로 인해 시공간 구조가 휘며 일반적으로 지평선을 가지는 블랙홀이 된다. 앞의 접근법에서 취한 낮은 에너지 영역으로의 제한은 이 경우 지평선 근처를 확대해서 그 영역만 보는 것에 해당한다. D3 - 브레인의 경우 지평선 근처에서 AdS(anti-de Sitter)라 불리는 5차원 시공간처럼 보이게 되며(나머지 5차원은 구처럼 보인다), 따라서 이 영역에서의 이론은 AdS 시공간 위의 닫힌 끈이론이 된다.

AdS 시공간이란 음의 우주상수를 포함한 아인슈타인 방정식의 해이며, 시공간의 휘어진 정도가 일정한 쌍곡공간

(hyper‑boloid)을 말한다. 말다세나는 대칭성을 포함한 여러 물리적 성질들로부터 이 AdS 시공간 위의 닫힌 끈이론이 첫 번째 접근법에서 나타난 D3‑브레인 위의 게이지이론과 동등하다는 가설(AdS/CFT 대응)을 세웠다. 앞에서 언급한 대로 닫힌 끈이론은 항상 중력을 포함하며, 이 경우 초대칭 중력이 이 이론의 가장 중요한 요소가 된다. AdS 시공간의 특징은 시간축을 포함한 경계가 존재하는 것이다.

5차원 AdS 공간의 경우 D3‑브레인이 놓여 있는 방향으로 4차원 경계가 존재하며, 이 경계에 존재하는 이론이 바로 첫 번째 방법에서 나온 게이지이론이라 볼 수 있다. 즉 5차원 AdS 시공간 배경 위의 중력이 그 공간을 둘러싸고 있는 4차원 경계 위의 게이지이론으로 표현된 셈이다. 재미있는 사실은 이 놀라운 발견이 중력보다는 게이지이론에 수많은 새로운 통찰을 제공한 점이다. 이는 이 대응관계가 게이지이론의 양자현상을 중력의 고전적인 현상과 연결시키는 데 기인한다.

AdS/CFT 대응관계는 수많은 이론적인 검증을 통과하여 확립되었다. 물론 여기에서도 블랙홀을 다룬 장에서 기술한 대로 각각을 잘 기술하는 영역이 다르다. 그러나 초대칭성에 의해 뒷받침되는 물리량의 경우 양쪽이 잘 일치함을 볼 수 있었고, 초대칭성에 의해 뒷받침되지 않는 경우에도 정성적으로 설명되는 경우가 많이 발견되었다. 이러한 대응관계는 자연스럽게 시공간 경계를 가지는 다양한 AdS 시공간 배경 위에서의 초끈 및 M이론에서 나타남이 확인되었다. 현재 다른 시공간 배경에서 이런 홀로그래피를 발견하려는 많은 노력이 있다.

초끈이론의 과제

초끈/M이론은 중력을 성공적으로 양자화하고 모든 종류의 입자와 그들 간의 상호작용을 포함하는 모형으로 각광받고 있다. 특히 제2차 혁명이라 불리는 1995년 이래의 많은 발전은 이 이론에 대한 우리의 이해와 확신을 높여주었다. 그 대표적인 예들 중 몇 가지를 앞에서 소개했다.

현존하는 이론물리학자 중에서 가장 뛰어난 한 사람인 위튼(Witten)은 어떤 인터뷰에서 그가 연구 활동한 시기에 나온 이론물리학의 결과들 중 가장 뛰어난 업적을 들어달라는 질문에 '초끈이론이 중력을 포함한다'는 결과를 들었다.

20세기 초반에 나온 현대물리학의 두 기둥인 양자역학과 일반상대론의 성공적인 결합은 21세기에 접어든 현재에도 물리학의 가장 중요한 문제로 남아 있으며, 이는 최근의 관측 천체물리학의 발전에 따라 근본적인 측면에서만이 아니라 실제적인 측면에서 점점 그 중요성이 대두되고 있다.

그러나 초끈/M이론은 그 완성까지 먼 길을 가야 하는 현재진행형이다. 아직 이 이론을 온전히 기술하는 방법이 알려져 있지 않고, 또한 자연이 이 이론을 택했는지 여부를 판단하기위해 수많은 이론적, 실험적 테스트를 통과해야 한다. 이는 초끈이론이 그만큼 매력적인 분야임을 의미한다.

다음은 초끈/M이론이 해결해야 할 여러 가지 난제 중 일부를 제시한 것이다.

초대칭성 초끈이론의 모든 논의의 완결성은 초대칭성에 의한 것이다. 현재 실험적으로 초대칭성을 보려는 노력이 시도되고 있으며, 2010년 전에 그 증거를 잡아내는 것을 기대하고 있다.

M이론의 구축 초끈이론의 원형이라 할 수 있는 11차원 M이론을 어떠한 구조로 구성해야 하는지 전혀 모른다. 이에 대한 몇몇 재미있는 제안이 있었지만 M이론 전체를 제대로 기술하는지 불분명하다. 가장 큰 문제점은 초끈/M이론을 지

배하고 있는 대칭성이 무엇인지를 이해하지 못하는 데 있는 것 같다. 이는 기존의 성공적인 이론인 일반상대성이론과 게이지이론이 각각 좌표 변환 및 게이지 변환에 대한 대칭성으로부터 이론을 구축할 수 있었음을 상기해보면 더욱 그러하다. 초끈/M이론의 대칭성에 대한 이해와 그것을 바탕으로 초끈/M이론을 구축하는 것이 초끈이론의 궁극적인 목표라 할 수 있다.

정보 손실 앞에서 자세히 기술한 대로 블랙홀의 정보 손실 문제에 대한 이해는 양자중력이론의 가장 중요한 문제이다. 이에 대해 많은 제안이 꾸준히 나오고 있으나 결정적인 답은 아직 없다.

우주론 : 우주상수 우주상수란 아인슈타인이 도입한 것으로 시공간에 균일하게 퍼져 있는 에너지 같은 것이다. 이의 존재 여부와 그 크기는 우주의 형성과 진화에 매우 중요한 역할을 한다. 최근의 중요한 일련의 천체 관측으로부터, 현재 우리 우주의 우주상수가 아주 작지만 양의 값을 가지고 있음이 밝혀졌다. 이를 초끈이론에서 어떻게 자연스럽게 얻어낼 수 있는가? 앞에서 살펴보았듯이 초끈이론은 매우 다양한 해를 가지고 있으나 이 중에서 우리 우주를 기술하는

것처럼 보이는 특정한 해를 자연스럽게 잡아낼 수 있는 방법을 아직 잘 모른다.

•

제2장

21세기의 초끈이론의 발전

21세기의 초끈이론과 양자장론의 발전

　이 책의 초판이 발행된 것은 2004년으로, 그 당시까지의 초끈이론의 발전을 기술하였다.

　따라서 주로 20세기의 초끈이론의 발전을 기술했다고 말할 수 있다. 1984년에 그린(Green)과 슈바르츠(Schwarz)가 10차원에서의 초끈이론의 정합성을 발견한 이후의 제1차 초끈이론 혁명의 발전상과 1995년 이후의 S 이중성에 기반한 제2차 초끈이론 혁명의 발전을 주로 기술하였고 이의 하이라이트로서 초끈이론에 의한 블랙홀 엔트로피의 설명이 주를 이루었다. 또한 1997년 말다세나(Maldacena)에 의해 제안된 5차원 AdS 시공간에서의 끈이론과 4차원 초대칭 게이지장론 사이의 홀로그래피를 언급하였다. 그로부터 18년이 지난 지금 돌이켜보면 그 사이에 초끈이론은 비약적인 발전을 이루었다. 그 비약적인 발전의 큰 트렌드를 요약하자면 초대칭 양자장론에 대한 이해와 홀로그래피에 대한 이해의 비약적 발전이라 할 수 있다. 이러한 발전은 자연의 궁극이론으로 생각되는 M이론의 이해에 중요한 단초를 제공하였으며 입자를 기술한다고 생각되는 양자장론과 끈이론, M이론 사이에 훨씬 긴밀한 관계가 있을 수 있음을 말해준다. 앞으로 서술할 내용을 이해하기 위해서는 특히 제1장의 'D – 브레인과 M이론', '양자중력이론과 홀로그래피 I'의 내용을 잘 이해할 필요가 있다.

홀로그래피: 천의 얼굴을 가진 양자장론

21세기 초끈이론의 발전의 중요한 부분을 차지하는 것이 홀로그래피에 대한 광범한 연구이다. 홀로그래피란 양자중력이론과 그보다 한 차원 낮은 차원에 존재하는 양자장론 사이에 상응성이 있다는 이론이다. 홀로그래피에서 가장 많이 알려진 예가 5차원 AdS 시공간에 정의된 초끈이론과 4차원 초대칭 게이지이론 사이의 홀로그래피이다(게이지이론은 '양자중력이로과 홀로그래피 I'에서 설명한 것처럼 전기와 자기 현상을 설명하는 맥스웰의 전자기장이론을 확장한 양자장론이다). 이것이 의미하는 바는 4차원 초대칭 게이지 양자장론의 결합상수가 큰 경우, 이는 초끈이론에 의해서 기술된다는 것이다. 즉, 자유도의 적합한 기술이 결합상수가 작은 경우는 입자이다가 결합상수가 큰 경우는 끈이라는 것이다. 이는 장론의 결합상수가 큰 경우, 입자의 상호작용이 큰 경우를 기술할 수도 있지만 이보다 훨씬 더 다양한 물리적 현상을 보여줄 수 있다는 것을 의미한다.

2차원 막(M2 - 브레인), 4차원 AdS 시공간의 M이론, 3차원 초대칭 양자장론

1997년 말다세나의 논문에 홀로그래피의 두 가지 예가 더 소개되었는데 하나는 4차원 AdS 시공간에 정의되는 M이론(정확히는 4차원 AdS 시공간과 7차원 구로 이루어진 11차원 공간)과 3차원 초대칭 양자장론 사이의 홀로그래피이다. 처음에 이 홀로그래피가 제안되었을 때는 대응되는 3차원 양자장론을 어떻게 기술할지 몰라서 홀로그래피의 이해가 힘들었다. 하지만 2008년에 대응되는 3차원 이론이 물리학자들에게 친근한 3차원 초대칭 게이지이론에 의해서 기술된다는 사실이 밝혀지면서 이 분야의 많은 발전이 이루어졌다. 특히 이것이 의미하는 바는 3차원 장론의 결합상수가 큰 경우 M이론을 기술할 수 있다는 놀라운 사실이다! 또한 이 3차원 양자장론은 제1장의 '양자중력이론과 홀로그래피 I'에서 D3 - 브레인에 대해서 설명한 것과 비슷하게 많은 2차원 막(이를 M2 - 브레인이라 부른다)에 의해서 만들어지는 시공간에서 지평선 근처만 확대해서 보면 4차원 AdS 공간이 되므로 M2 - 브레인의 이해에도 중요한 단서를 제공한다.

M5 - 브레인, 7차원 AdS 시공간, 6차원 양자장론

제1장의 'D - 브레인과 M이론'에서 M이론에는 2차원 막이외에 5차원 브레인이 존재한다고 하였다. 이를 M5 - 브레인이라 부른다. M5 - 브레인에 의해서 만들어지는 시공간에서 지평선 근처를 확대해보면 7차원 AdS 시공간(정확히는 7차원 AdS 시공간과 4차원 구로 이루어진 11차원 시공간)이 되고 이 경계에 6차원 양자장론이 존재하게 된다. 초끈이론이 발달하기 전에는 4차원보다 높은 차원에서 상호작용이 있는 양

자장론은 없을 것으로 생각되어왔다. (더 정확히 말하자면 양자장론의 특별한 경우인 등각장론이다. 이에 대해서는 뒤에서 설명하려 한다.) 1990년대 중반에 초끈이론이 발전되어 오면서 5차원과 6차원에 상호작용이 있는 양자장론이 존재할 것으로 예상되어 왔으며 홀로그래피의 맥락에서도 이러한 6차원 이론이 등장한다. 이 6차원 양자장론은 강한 결합상수 영역에서 7차원 AdS 시공간의 M이론을 기술한다. 21세기에 이 6차원 양자장론의 이해에 많은 발전이 있어왔지만 아직 완전한 이해에 이르지는 못하고 있다.

무수히 많은 끈이론: 장력이 0인 끈이론

'D - 브레인과 M이론'에서 1차원 끈이 감고 있는 11차원 원이 큰 경우 2차원 막, M2 - 브레인이 되는 것을 설명하였다. 비슷하게 M5 - 브레인은 4차원 D - 브레인(D4 - 브레인)의 초대칭 게이지이론을 강한 결합상수 영역으로 보내서 얻을 수 있다. 이 영역에서 10차원에 존재한 D4 - 브레인이 11차원의 M5 - 브레인이 된다. D4 - 브레인의 들뜬 상태 (excitation)는 입자이지만 M5 - 브레인의 들뜬 상태는 끈으로 보인다. 이 끈의 장력은 두 M5 - 브레인 사이의 거리에 비례한다. M5 - 브레인들이 여러 개 겹쳐 있는 경우 M5 - 브레인들을 연결하는 끈은 장력이 0으로 간다.

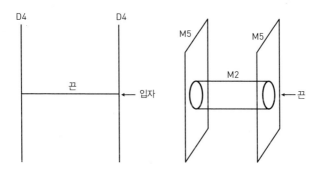

D4 - 브레인을 연결하는 끈. 그 끝점은 입자를 기술한다. 반면 M5 - 브레인은 M2 - 브레인이 연결하고 그 끝은 끈이 된다. 그림에서는 4차원 물체인 D4 - 브레인의 한 방향과 M5 - 브레인의 한 방향과 11차원 방향만 표시하였다.

이러한 무장력 끈이론(tensionless string)이 어떠한 2차원 이론으로 기술될지 알려지지 않았었다. 그러나 이 역시 (적어도 특별한 경우는) 2차원 초대칭 게이지이론의 강한 결합 상수 영역으로 기술됨을 보였다. 즉, 입자를 기술하는 장론의 유효자유도가 강한 결합상수 영역에서 끈이론으로 기술되는 예를 다시 보게 된다. 이러한 무장력 끈이론은 이외에도 무수히 존재하는 것이 알려져 있다. 즉, 끈이론이 10차원에서 정의되는 5개의 초끈이론에 국한되지 않는다는 것이다. 무장력 끈이론이 10차원의 5가지 끈이론과 다른 점은 중력을 포함하지 않는다는 것이다. 끈이론과 양자장론의 다채로움을 다시 한번 보여주는 예라 하겠다. 그리고 이러한 끈이론이 양자장론에 의해서 기술될 수 있다는 것은 매우 놀라운 사실이다.

양자장론이 블랙홀 엔트로피를 설명하다!

제1장에서 끈이론을 통해서 블랙홀의 엔트로피를 설명할 수 있음을 알아보았고 이는 끈이론이 양자중력의 이론이라는 것의 강력한 증거가 되었다. 하지만 위에서 본 것처럼 초대칭 게이지 장이론은 끈이론과 홀로그래피 관계에 있다. 따라서 우리는 초대칭 게이지장론을 통해 블랙홀 엔트로피를 이해할 수 있지 않을까 생각해볼 수 있다. 앞에서 끈이론에서 블랙홀 중에서 특별한 BPS 블랙홀의 경우 결합 상수의 대소에 관계없이 존재하는 상태들이 존재하고 끈이론을 이용해서 이 양자상태의 수를 구함으로서 블랙홀의 엔트로피를 설명할 수 있었다. (제1장 '블랙홀'에서는 극한 블랙홀이라는 용어를 사용하였는데 그 경우의 극한 블랙홀은 BPS 블랙홀이다.) AdS 시공간에도 블랙홀이 존재하며 또한 BPS 블랙홀이 존재한다. 초대칭 게이지 양자장론에서는 이러한 AdS 블랙홀의 양

자 상태에 해당하는 것이 BPS 연산자이고(연산자에 대해서는 나중에 설명한다) 이를 index라는 양에 의해서 연산자의 개수를 세어서 게이지 양자장론이 블랙홀의 엔트로피를 설명할 수 있음을 보였다. 이는 또한 양자장론과 양자중력이론 사이의 홀로그래피의 또 다른 강력한 증거이다. 그 이전의 홀로그래피의 주요한 응용은 장론의 어려운 문제를 중력이론으로 이해하는 것이었으나 이러한 일로 인해서 중력 이론의 어려운 문제, 예를 들면 블랙홀의 양자적 성질의 이해를 양자장론의 이해를 통해서 이룰 수 있는 가능성이 제시되었다.

양자중력이론과 홀로그래피 II

입자이론이 끈이론이 된다!

제1장 '양자중력이론과 홀로그래피 I'에서 홀로그래피에서 가장 많이 연구되는 4차원 게이지이론과 5차원 AdS 시공간에 정의되는 끈이론 사이의 관계를 언급하였다. 여기에 등장하는 4차원 게이지이론은 초대칭성을 가지고 있고 5차원 AdS 시공간에 정의되는 끈이론도 초대칭성을 가지고 있어서 AdS 시공간에 정의되는 초끈이론을 형성한다. 1997년 말다세나가 이 홀로그래피를 제안한 이후로 이 상응성에 대해 수많은 증거들이 제시되었다. 물론 상응성이란 한 이론의

강한 결합상수 영역이 다른 이론의 약한 결합상수 영역에 해당하는 것이므로 완전한 증명은 매우 힘들지만 그동안 엄청난 양의 증거가 쏟아져 나왔다. 많은 물리학자들은 이 가설을 받아들이고 있다. 오히려 이 가설을 사실로 받아들이고 이로부터 어떤 물리적 결과를 도출할 수 있는지에 대한 시도도 매우 많이 이루어지고 있다.

4차원 초대칭 게이지이론과 5차원 AdS 시공간에 정의되는 초끈이론 사이의 상응성을 받아들이면 우리는 매우 놀라운 사실에 직면한다.

첫째, 초대칭 게이지이론의 비섭동적 영역이 끈이론에 의해서 기술된다는 것이다. 게이지이론도 양자장론의 하나이므로 섭동적 영역에서는 기본적 자유도가 점입자이다. 즉 초대칭 게이지이론은 입자들의 상호작용을 기술한다. 하지만 강한 결합상수 영역으로 가면 입자를 기술하는 이론이 끈이론을 기술하게 되는 것이다. 보통 양자장론의 강한 결합상수 영역에 대한 사람들의 생각은 기본적 자유도는 입자로 있으면서 이들의 상호작용이 매우 커지는 것으로 생각하였다. 핵력을 기술하는 양자색역학이 여기에 해당한다. 양자색역학에서 강한 결합상수 영역에 가면 양자색역학이 다루는 기본입자인 쿼크들의 상호작용이 강해져서 쿼크 3개의 속박 상태(bound state)로 양성자나 중성자를 만드는 것이 이 예이

다. 하지만 홀로그래피는 양자장론의 강한 결합상수 영역이
단지 입자의 이론이 아닐 수 있음을 보여주었다.

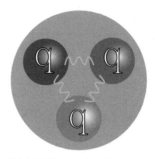

원자핵을 이루는 양성자, 중성자는 쿼크라는 입자 3개의 속박 상태로 구성된다.

둘째는 우리가 끈이론의 존재에 대해 아직 실험적으로 검
증이 안 되어서 이에 대해 의구심을 가질 수도 있지만 홀로
그래피가 의미하는 바는 양자장론의 특별한 경우가 끈이론
을 정의한다는 것이다. 끈이론의 존재에 대해서 의구심을 가
지는 사람은 있을 수 있지만 입자를 기술하는 양자장론의
존재를 부인하는 사람은 없다. 따라서 양자장론의 존재로부
터 우리는 끈이론의 존재를 추론할 수 있다. 또한 끈이론은
양자중력이론을 포함하므로 초대칭 게이지이론은 양자중력
이론을 정의할 수 있다. 물론 끈이론이 실험적으로 검증이
되면 좋겠지만 이론적인 면에서 홀로그래피는 끈이론의 존
재를 양자장론의 존재만큼 명확하게 해준다.

다른 차원의 홀로그래피: 입자이론이 M이론이 되다

홀로그래피에서 가장 잘 알려진 예가 4차원 초대칭 게이지이론과 5차원 AdS 시공간에 정의되는 초끈이론 사이의 상응성이다. 하지만 말다세나가 처음 홀로그래피를 제안한 논문에서는 이외에도 다른 홀로그래피의 예가 제시되었다. 하나는 3차원의 초대칭 장론이 4차원 AdS 시공간에 정의되는 M이론에 상응한다는 제안이었고 다른 하나는 6차원의 초대칭 장론이 7차원 AdS 시공간에 정의되는 M이론에 상응한다는 제안이었다. 혹자는 M이론이 11차원에 정의되는데 4차원에 정의되는 M이론은 차원이 충분치 않다고 생각할 수 있다. 실제로 3차원 초대칭 장론에 해당하는 M이론은 4차원 AdS 시공간과 7차원 구로 이루어져 있고 6차원 초대칭 장론에 해당하는 M이론은 7차원 AdS 시공간과 4차원 구로 이루어져 있다.

M2 이론과 3차원 초대칭 등각장론

제1장의 '양자중력이론과 홀로그래피 I'에서 D3 – 브레인과 5차원 AdS 시공간이 어떻게 연관이 되는지 살펴보았다.

많은 D3 – 브레인에 의해 만들어지는 시공간에서 지평선 근처만 확대해서 보면 5차원 AdS 시공간이 된다. (정확히는 5차원 AdS 시공간과 5차원 구로 이루어진 10차원 시공간이다.) 제1장의 'D-브레인과 M이론'에서 M이론에서는 2차원 막(membrane)과 5차원 브레인이 존재한다고 하였다. D3 – 브레인과 비슷한 방식으로 이를 M2 – 브레인과 M5 – 브레인으로 명명한다. 끈이론 분야에서 흔히 쓰는 이름이다. 많은 M2 – 브레인에 의해서 만들어지는 시공간에서 지평선 근처만 확대해서 보면 4차원 AdS 시공간이 된다.

이제 '4차원 AdS 시공간의 경계에 존재하는 3차원 이론은 어떤 이론인가?'라고 질문해볼 수 있다.

5차원 AdS 시공간의 경계나 4차원 AdS 시공간의 경계에 존재하는 이론들은 초대칭이론이라는 것 이외에 더하여 등각 대칭성이라는 추가적인 대칭성을 갖는다. 등각 대칭성 중에 중요한 대칭성이 임의의 두 점의 거리를 늘려도 이론이 안 변하는 스케일(sacle) 대칭성이다. 일상생활에서 스케일은 규모, 크기를 의미하며 두 점의 거리를 늘리면 스케일이 커지는 것으로, 두 점의 거리를 줄이면 스케일이 작아지는 것으로 이해할 수 있다.

4차원 초대칭 게이지이론의 경우 섭동을 가능하게 하는 결합상수가 말 그대로 상수여서 스케일 대칭성과 부합된다.

하지만 3차원 게이지이론의 경우 결합상수가 질량의 단위를 가진다. 즉, 보통 알려져 있었던 3차원 게이지이론은 스케일 대칭성을 가질 수 없고 따라서 4차원 경계에 존재하는 등각 대칭성을 가지는 장론, 등각장론이 될 수 없다. 바로 이 이유 때문에 3차원에서는 초대칭이면서 등각장론인 이론에 대한 연구가 4차원만큼 활발하지가 않았다. 이 3차원 초대칭 이론은 앞의 D3 – 브레인의 경우와 같은 논리로 M2 – 브레인의 낮은 에너지의 영역을 기술하므로 M2 – 브레인에 관한 많은 정보를 제공할 수 있다. 하지만 3차원 초대칭 등각 장론에 대하여 알려진 바가 비교적 적어서 이에 대한 연구가 D3 – 브레인에 연관된 4차원의 초대칭 등각장론에 비해서 활발히 이루어지지 않았다. 적어도 2008년까지는.

천–사이먼 항을 가진 게이지이론

이러한 어려움을 해결하는 데 중요한 역할을 한 것이 소위 천-사이먼 항을 도입하면서 초대칭 게이징이론을 적는 것이었다.

3차원 게이지이론의 특징 중 하나가 게이지 대칭성을 가지면서 게이지 입자에 질량을 줄 수 있다는 점이다. (4차원 전자기장이론에서 게이지 입자는 빛에 해당하는 입자, 광자이고 광자는 질량이 0이다. 앞의 '특수상대론'에 의하면 질량이 0이 아닌 입자는 광속에 가깝게 움직일수록 에너지가 무한으로 발산한다. 즉, 질량이 0이 아닌 입자는 빛의 속도로 움직일 수 없다.) 바로 이 역할을 하는 것이 천-사이먼 항이다. 이 천-사이먼 항은 3차원에서 존재하는 특이한 항으로서 4차원에서는 존재하지 않는다. 앞에서 설명한 것처럼 4차원의 게이지이론에서 보통의 결합상수에 해당하는 양은 3차원에서 질량의 단위를 가져서 스케일 대칭성, 나아가서 등각 대칭성을 가질 수 없다. 반면 천-사이먼 항은 문제가 없다. 천-사이먼 항 앞에는 정수 값을 갖는 상수가 곱해질 수 있는데 이 상수의 역수가 결합상수의 역할을 한다. 3차원에서는 4차원의 결합상수에 해당하는 항 대신 단지 천-사이먼 항만 도입하여서 초대칭 게이지이론을 적는 것이 문제 해결의 핵심이었다. 기술적인 문제로서 홀로그래피에 등장하는 이론은 초대칭이 매우 큰 이론이어서 여기에 해당하는 천-사이먼 타입의 이론을 적는 것이 쉽지 않았지만 이 문제는 2008년에 해결되었다. 따라서 4차원 AdS 시공간의 M이론에 상응하는 3차원 초대칭 게이지이론을 적을 수 있게 되었다.

이 홀로그래피가 의미하는 바는 매우 심오하다. 앞에서 4차원의 경우 초대칭 게이지이론이 AdS 초끈이론을 정의한다고 설명하였다. 3차원의 경우 3차원의 초대칭 게이지이론은 AdS 시공간의 M이론을 정의하게 된다. 즉, 홀로그래피에 의하면 3차원 게이지이론이 AdS 시공간의 M이론을 정의하게 된다. 이 경우 양자장론의 강한 결합상수 영역이 입자에 의해서 기술되는 것이 아니고 M이론에 의해서 기술되게 된다. 현재 M이론의 자유도가 어떻게 기술되는지 잘 모르므로 3차원의 홀로그래피를 잘 이해하는 것이 M이론의 이해에도 큰 도움이 될 것이다.

무수히 많은 끈이론: 무장력 끈이론

D - 브레인에서 얻어지는 양자장론

장력이 0인 초끈이론에 관해서 이야기하려면 초끈이론과 M이론에 등장하는 브레인에 관해서 조금 더 깊은 이해를 필요로 한다.

먼저 D - 브레인 하나에서 얻어지는 장론에 관해서 알아보자. 이는 앞에서 설명한 전자기장이론에 해당한다. 즉, 우리가 흔히 보는 빛 또는 빛에 해당하는 입자인 광자를 기술하는 이론이다. (입자와 파동의 이중성에 의해서 빛은 파동으로 기술되지만 동시에 광자라는 입자에 의해서 기술된다.) 제1장의 'D-브레인과 M이론'(80쪽 그림)에서 보았듯이 D – 브레인에는 열려진 끈의 양 끝점이 붙을 수 있다. 열려진 끈의 양 끝점이 아래의 그림과 같이 같은 D – 브레인에 붙는 경우 이 끈의 고유주파수 중 가장 낮은 것이 광자에 해당한다. 광자는 빛을 양자화한 입자이다. 이 광자의 질량은 0이다. (앞에 설명한 것처럼 질량이 0이 아닌 입자는 광속으로 움직일 수 없다.)

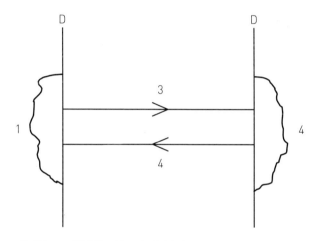

두 개의 D – 브레인이 있는 경우 1, 2는 광자에 해당하고 3, 4는 두 브레인 사이의 거리에 비례하는 질량을 갖는다.

다음에 두 개의 D – 브레인이 있는 경우를 생각해보자. 이 경우 각 D – 브레인에서 각각 다른 질량이 0인 광자가 있고 그 사이를 잇는 끈이 있고 이 끈의 가장 작은 고유주파수는

D – 브레인 사이의 거리에 비례한다. 이 고유주파수를 가지는 파동에 해당하는 입자는 질량이 두 D – 브레인 사이의 거리에 비례하고 각 D – 브레인이 가지는 광자와 상호작용한다. 광자 또는 빛과 상호작용하는 입자는 전자이다. 즉, 이 입자는 각각의 D – 브레인의 광자에 대해 전하를 갖는다. 편의상 하나를 전하 (-1, 1)을 띤다 하고 다른 경우 (1, -1)을 띤다고 하자. 재미있는 것은 두 개의 D – 브레인이 사이의 거리가 0인 경우이다. 두 D – 브레인을 잇는 끈의 가장 낮은 주파수는 이제 0이 된다. 즉 이 경우 우리는 0인 질량을 갖는 입자를 4개 가지게 된다. (135쪽 그림의 1, 2, 3, 4에 해당한다.) 이제 이를 3개의 D – 브레인에 대해서 적용해보면 3개의 D – 브레인이 겹쳐지는 경우 우리는 9개의 질량이 0인 입자를 얻게 된다. 이를 일반화하면 N개의 D – 브레인에 대해서 일반화하면 N개의 D – 브레인이 겹친 상태에서 우리는 N^2개의 질량이 0인 입자를 얻는다. D3 – 브레인의 경우 이것이 앞에서 이야기한 초대칭 게이지이론이다. 앞에서 D3 – 브레인의 개수가 많아지면 지평선 근처의 시공간으로 5차원 AdS를 얻는다고 설명하였다. 이는 N이 매우 큰 경우이다. N이 매우 큰 경우 D – 브레인에 의해서 기술되는 게이지이론을 large N 게이지이론이라 부르며 AdS와의 상응성에 등장하는 이론이 바로 large N 게이지이론이다.

무장력 끈이론: 무수히 많이 존재하는 초끈이론

M2, M5 – 브레인은 11차원에 존재한다. D – 브레인은 10차원에 존재한다. 11차원에 존재하는 M이론을 한 차원을 원으로 만들어서 매우 작게 하면 ⅡA 10차원 끈이론으로 된다. 'D – 브레인과 M이론'에서 2차원 막 또는 M2 – 브레인의 경우 어떻게 2차원 D – 브레인이나 1차원 끈으로 연결되는지 설명하였다. M5 – 브레인도 비슷하게 생각할 수 있다. 즉, M5 – 브레인이 작은 원을 감을 경우 4차원 D – 브레인(D4 – 브레인)이 되고 작은 원을 감지 않을 경우 5차원 브레인이 되는데 이는 D – 브레인과 다른 5차원 대상이라서 5차원 NS – 브레인(NS5 – 브레인)이라 부른다.

이제 두 개의 4차원 D – 브레인 사이에 있는 끈을 생각해보자. 이를 11차원으로 올리면 두 개의 M5 – 브레인 사이를 잇는 M2 – 브레인이 된다. M5 – 브레인의 M2 – 브레인의 끝은 끈이 된다. 이 경우 이 끈은 장력을 가지게 된다. 마치 떨어져 있는 D – 브레인의 끝점이 질량을 갖는 것처럼. 이제 M5 – 브레인 사이를 좁혀서 서로 겹치게 해보자. 이 경우 M5 – 브레인에서 끈의 장력은 0이 된다. 이 끈이론은 M5 – 브레인이 존재해서 가능한 끈이론이다.

처음 장력이 0인 끈이론 또는 무장력 끈이론이 제안되었을 때 이 끈이론은 매우 신비스럽게 느껴졌다. 우리가 이전에 알던 끈이론은 끈의 장력이 플랑크 스케일에 가까운 값으로 정의된다. 또한 끈의 고유진동수에 해당하는 입자가 중력자를 포함한다. 반면 무장력 끈이론들은 중력자를 포함하지도 않는다.

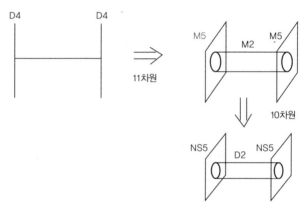

두 D4-브레인 사이의 끈은 11차원 M이론에서 M5-브레인 사이에 걸쳐 있는 M2-브레인이 된다. M5-브레인이 11차원을 감고 있지 않을 경우 11차원의 크기를 작게 하면 10차원에 NS5-브레인을 잇는 D2 이론이 나오고 이는 게이지장론에 의해서 기술된다.

하지만 M5, M2-브레인을 10차원으로 내릴 때 작은 원 방향을 감지 않으면 우리는 NS5-브레인 사이에 D2-브레인이 걸쳐져 있는 형태를 얻는다. 이러한 모양이 게이지장론을 기술할 수 있다는 것은 1990년대 후반부터 알려져 있었다. 즉, 이 2차원 D – 브레인, 즉 D2 – 브레인에 정의되는 2차원 장론이 무장력 끈이론을 기술할 수 있는 것이다! 단, 2차원 장론의 결합상수가 무한해지는 극한을 생각해야 한다. 여기서 우리는 끈이론이 장론에 의해서 기술되는 다른 예를 얻게 된다. 그리고 그렇게 얻게 되는 장론은 초대칭 등각장론을 기술하게 된다. (기술적인 이유로 D6 – 브레인을 하나 더 도입해야 한다. D6 – 브레인은 11차원의 극한으로 가는 과정에서 M이론의 기하학에 영향을 미치지 않는다.)

여기서 등장하는 끈이론은 앞에서 소개된 10차원에 존재하는 5가지 끈이론과 다른 이론이다. 중력을 포함하지 않아서 비임계 끈이론이라 부르기도 한다. (임계 끈이론의 정의는 중력을 포함하는, 즉 중력자를 끈의 고유진동수 파동으로 갖는 이론이다.) 또한 이러한 무장력 끈이론은 그 종류가 무한히 많음이 알려져 있다. 위의 설명은 D – 브레인과 M – 브레인 사이의 관계가 알려진 1990년대에도 주어질 수 있었다. 하지만 2차원 장론의 결합상수가 무한한 영역으로 가므로 이 영역에서의 2차원 장론을 이해하고 끈이론이 2차원 장론에 의해서 기술된다는 증거를 보여줘야 했다. 이는 2000년대 중반 이후 초대칭 양자장론을 이해할 수 있는 기술적 도구의 발전에 의해서 가능해졌다.

블랙홀 엔트로피의 계산

구속(confinement)

  이 장의 내용을 이해하기 위해서는 원자핵을 구성하는 쿼크의 구속 현상에 대한 이해가 선행되어야 한다. 잘 알려진 바와 같이 원자는 원자의 중심에 원자핵이 있고 그 주변을 전자가 회전하고 있는 구조를 가지고 있다. 원자핵은 양의 전하를 띤 양성자와 전하를 띠지 않는 중성자로 이루어져 있다. 원자핵 주변을 전자가 회전하는 수소원자의 에너지는 원자핵이 홀로 있을 때의 에너지와 전자가 홀로 있을 때의 에너지 합보다 더 작아 안정된 상태를 이룬다. 우리는 이를 원자핵과 전자가 속박 상태(bound state)를 이룬다고 말한다. 양성자와 중성자는 자연의 궁극적인 입자가 아니고 각각 3개의 쿼크로 이루어져 있다. 즉, 쿼크 3개의 속박 상태로 존재하는 것이다. 우리는 전자가 홀로 있는 상태를 관찰할 수 있다. 하지만 재미있게도 쿼크는 홀로 있는 상태로 관찰할 수가 없다. 양성자나 중성자처럼 쿼크 세 개의 속박 상태로 존재하거나 쿼크와 반 쿼크의 속박 상태로 존재해야만 한다. 전자를 배리온(baryon)이라 부르고 후자를 메존(meson)이라 부른다. 자유 상태의 쿼크를 관찰할 수 없는 현상을 구속(confinement)이라고 부른다.

연산자

앞으로의 내용을 이해하기 위해서는 양자역학에서 등장하는 연산자에 대한 이해가 필요하다. 우리는 제1장의 '양자역학의 세계'에서 파동 함수가 각 지점에서 해당 입자를 발견할 확률로 해석된다고 설명하였다. 연산자(operator)란 물리적으로 측정 가능량(observable)에 해당한다. 우리가 입자를 관찰할 때 우리는 그 입자의 위치와 속도 또는 (속도에 질량을 곱한) 운동량을 측정한다. 입자의 위치는 파동함수에 각

지점의 위치값을 곱한 다음 그 기댓값을 구해서 얻게 된다. 파동함수가 입자를 발견할 확률에 해당하므로 이렇게 구한 값이 입자의 위치 평균이 될 것은 이해할 수 있다. 비슷한 방법으로 입자의 운동량은 파동함수를 미분하고 이의 기댓값을 계산해서 얻게 된다. (이는 위치의 기댓값만큼 명확하지는 않다.) 즉, 입자의 위치라는 측정 가능량은 파동함수에 위치를 곱하는 연산에 해당하고 운동량은 파동함수를 미분하는 미분 연산자에 해당한다. 양자장론에서도 연산자는 측정 가능량에 해당한다. 상대론적 양자장론에서는 특수상대성이 주는 제한 조건이 매우 커서 연산자는 국지적 연산자(local operator)만 존재한다. 이는 측정 가능한 물리량은 좁은 공간에서의 실험에서 측정되어야 하는 것을 의미한다. 측정을 한 편에서는 지구에서 수행하고 다른 한편에서는 안드로메다의 한 별에서 수행하는 것을 생각할 수 있다. 이와 같은 실험에 해당하는 연산자는 비국지적 연산자(nonlocal operator)인데 이러한 비국지적 연산자는 특수상대성이론과 양립하기가 매우 어렵다.

초대칭 장이론을 통한 블랙홀 엔트로피 계산

앞에서 우리는 초끈이론이 어떻게 블랙홀의 엔트로피를 설명하는지 살펴보았다. 특히 극한 블랙홀(BPS 블랙홀)의 BPS 상태의 경우 결합상수의 값에 관계없이 존재하기 때문에 이를 결합상수의 값이 작을 때 D-브레인이 만드는 2차원 양자장론(등각장론)의 성질을 이용하여 BPS 상태의 개수를 세어서 블랙홀 엔트로피를 설명하였다.

4차원 초대칭 양자장론의 경우 5차원 AdS 시공간의 초끈이론과 홀로그래피 대응관계에 있다. 또한 AdS 시공간에도 블랙홀이 존재한다. 뿐만 아니라 블랙홀에서 멀리 떨어진 부분은 AdS 시공간에 의해서 잘 기술된다. 4차원 초대칭이론은 AdS의 경계에 산다고 생각할 수 있는데 4차원 게이지이론의 경우 AdS나 AdS 시공간에 블랙홀이 있는 경우와 같은 경계를 준다. 즉, 4차원 게이지이론의 경우 홀로그래피의 대응이 AdS 시공간과의 것인지 AdS에 블랙홀이 있는 경우의 것인지 구별할 수 없다. 여기서 중요한 것은 게이지이론이 정의되는 온도이다. 낮은 온도에서는 4차원 게이지이론이 AdS 시공간에 대응되고 높은 온도에서는 AdS 블래홀 시공간에 대응됨이 알려져 있다. 양성자나 중성자를 기술할 것으로 생각되는 4차원 비초대칭 게이지이론이 낮은 온도에서는 그 자유도가 자유 상태의 쿼크로 존재하지 않고 이들의 구속(confinement) 상태인 배리온이나 메존의 형태로 존재한다. (앞에서 설명한 것처럼 양성자나 중성자는 배리온에 속한다.) 하지만 온도를 높이게 되면 이러한 구속 상태에서 벗어나 자유 상태의 쿼크가 존재하게 된다. 이를 게이지이론에서는 구속-비구속 (confinement-deconfinement) 전이라 부른다. 이러한 현상이 AdS 시공간과 홀로그래픽 관계에 있는 초대칭 게이지이론에도 적용될 것으로 기대된다. 초대칭 게이지이론에 대해서도 홀로그래피를 이용해서 구속 현상이 있음을 보이는 일들이 이루어졌다.

만약 초대칭 게이지이론이 높은 온도에서 AdS 블랙홀과 홀로그래피 관계가 있으면 이를 이용해서 블랙홀 엔트로피를 설명하는 것도 가능할 것이다. 앞에서와 같이 AdS 블랙홀이 BPS 블랙홀이면 이 블랙홀은 결합상수에 상관없이 존재하는 BPS 상태에 의해 그 엔트로피가 설명된다. 따라서 초대칭 게이지이론에서 AdS 블랙홀의 BPS 상태에 해당하는 양을 찾으면 된다. 초대칭 게이지이론에서 상응하는 양은 BPS 연산자이고 이는 index라는 양에 의해서 계산된다. 실제로 이런 시도가 2000년대 중반에 있었으나 당시로는 이 시도가 성공적이지 못하였고 이는 index에서 보존과 페르미온 사이의 많은 상쇄 때문인 것으로 생각되었다. index에서는 보존 연산자 하나는 +1의 값을 주고 페르미온 연산자 하나는 −1의 값을 준다. 초대칭이론에서는 보존 연산자와 페르미온 연산자가 (대부분) 짝을 이루기 때문에 이러한 상쇄 현상이 일어난다. 10여 년이 지난 후에 이 문제가 다시 고려되었고 초대칭 게이지이론의 index를 계산해서 극한 블랙홀의 엔트로피를 설명할 수 있게 되었다. index에서 보존과 페르미온 사이의 상쇄가 일어나는 것을 방지하기 위해서 보존과 페르미온 사이에 다른 가중치를 주는 것이 주효하였다.

이는 앞의 끈이론에 의한 블랙홀 엔트로피 설명과 중요한 차이점이 있다. 끈이론은 양자중력이론의 후보이므로 끈이론에서는 반드시 블랙홀의 엔트로피를 양자역학적으로 설명할 수 있어야 한다, 하지만 초대칭 게이지이론에서 이러한 일이 일어날 필요는 없다. 장론은 원래 중력을 기술하는 중력자 이외의 입자를 기술하는 데 사용되는 이론이다. 그런 이론이 어떻게 양자중력이론에 대해서 알 수 있겠는가? 홀로그래피라는 현상이 없었으면 불가능하다. 실제로 초대칭 게이지이론 중에서 홀로그래피가 없는 이론들도 많이 존재한다. 즉, 양자중력이론을 기술할 필요가 없는 것이다. 앞에서 소개한 무장력 끈이론을 기술하는 2차원 장이론의 경우 결합상수가 강한 영역이 끈이론에 의해서 기술되지만 중력이론을 포함하고 있지는 않다. 블랙홀의 엔트로피를 초대칭 게이지이론을 이용해서 설명할 수 있음으로 해서 홀로그래피에 대한 또 다른 강력한 증거가 제시된 셈이다.

한편 4차원 AdS 시공간에도 블랙홀이 존재하는데 이 역시 상응하는 3차원 초대칭 게이지이론에 의해서 블랙홀의 엔트로피를 설명할 수 있었다.

6차원 장론과 M이론

고차원 장론의 존재

　말다세나는 위에서 설명한 홀로그래피 외에도 6차원 초대칭 장론과 이에 해당하는 7차원 AdS 시공간과 4차원 구에서 정의되는 M이론 사이의 홀로그래피도 제안하였다. 앞에서와 비슷한 방식으로 많은 M5-브레인에 의해서 만들어지는 시공간에서 지평선 근처만 확대해서 보면 7차원 AdS 시공간이 되고 이 7차원 AdS 시공간의 경계에 6차원 등각장론이 정의된다. 앞에서 살펴본 대로 M5-브레인의 기본적인 들뜬 상태는 끈에 의해서 주어진다. 양자장론의 기본적인 들뜬 상태는 입자이므로 M5 – 브레인을 보통의 양자장론에 의해서 기술하는 것은 어려워 보인다. 현재까지 M5 – 브레인에 대한 이해는 M2 – 브레인나 D3 – 브레인에 대한 이해보다 뒤쳐져있다. 하지만 홀로그래피가 의미하는 바는 6차원에 초대칭 등각장론이 존재한다는 것이다. 기존의 양자장론의 체계에서는 4차원보다 큰 차원에서 상호작용이 있는 등각장론이 존재하지 않는 것으로 생각되어 왔다. 다양한 5차원 장론에서 결합상수가 유한한 경우 거기에 상응하는 등각장론은 없는 것으로 생각되었다. 초끈이론의 발달로 5차원 장론을 끈이론에서 구현한 경우 결합상수가 무한한 경우 초대칭 등각장론의 존재가 제안되었다. 또한 이의 특별한 예로 5차원의 초대칭 게이지이론에서 초대칭의 개수가 최대인 경우 결합상수를 무한하게 하면 6차원의 초대칭 등각장론을 줄 수 있음이 알려져 있었다. 이는 4차원 D – 브레인과 M5 – 브레인 사이의 관계에 기인한다. 하지만 이러한 제안을 뒷받침하려면 5차원 양자장론에서 결합상수가 무한으로 가는 경우에 이를 보일 수 있는 계산이 가능하여야 한다.

앞에서 무장력 끈이론의 경우도 2차원 게이지장론의 결합상수가 무한히 가는 경우의 계산이 가능했던 것처럼 2010년대에 이러한 계산이 다양한 차원에서 가능해졌다. 한 예로서 게이지이론에 대해서 BPS 연산자를 세는 index의 계산이 가능해져서 이러한 제안에 대한 검증이 가능해졌다. 이러한 계산을 통해 5차원과 6차원에 무수히 많은 초대칭 등각장론이 있음이 알려졌으며 특히 7차원 AdS 공간에 홀로그래픽 관계를 가지는 6차원 초대칭 등각장론에 대한 이해에도 많은 발전이 이루어졌다. 4차원 이상의 등각장론의 존재는 끈이론이나 홀로그래피의 발전이 없으면 불가능했다. 양자장론에 대한 이해와 끈이론에 대한 이해가 서로 간의 이해의 상승작용을 일으키는 예를 다시 한번 보게 된다.

프랑스엔 〈크세주〉, 일본엔 〈이와나미 문고〉,
한국에는 〈살림지식총서〉가 있습니다.

📖 전자책 | 🔎 큰글자 | 🔊 오디오북

초끈이론 아인슈타인의 꿈을 찾아서

펴낸날	초 판 1쇄 2004년 9월 30일
	초 판 7쇄 2015년 8월 7일
	개정판 1쇄 2023년 1월 30일

지은이	박재모 · 현승준
펴낸이	심만수
펴낸곳	(주)살림출판사
출판등록	1989년 11월 1일 제9-210호

주소	경기도 파주시 광인사길 30
전화	031-946-1350 팩스 031-624-1356
홈페이지	http://www.sallimbooks.com
이메일	book@sallimbooks.com

ISBN	978-89-522-4796-4 04080
	978-89-522-0096-9 04080 (세트)

126 초끈이론 아인슈타인의 꿈을 찾아서 eBook

박재모(포항공대 물리학과 교수) · 현승준(연세대 물리학과 교수)

빠르게 발전하고 있는 초끈이론을 일반대중이 이해할 수 있도록
쉽게 풀어쓴 책. 중력을 성공적으로 양자화하고 모든 종류의 입자
와 그들 간의 상호작용을 포함하는 모형으로 각광받고 있는 초끈
이론을 설명한다. 초끈이론을 이해하기 위해 필요한 양자역학이
나 일반상대론 등 현대물리학의 제 분야에 대해서도 알기 쉽게 소
개한다.

125 나노 미시세계가 거시세계를 바꾼다 eBook

이영희(성균관대 물리학과 교수)

박테리아 크기의 1000분의 1에 해당하는 크기인 '나노'가 인간
세계를 어떻게 바꿔 놓을 것인지에 대한 해답을 제시하는 책. 나
노기술이란 무엇이고 나노크기의 재료들은 어떻게 만들어지는가,
나노크기의 재료들을 어떻게 조작해 새로운 기술들을 이끌어내는
가, 조작을 통해 어떤 기술들을 실현하는가를 다양한 예를 통해 소
개한다.

448 파이온에서 힉스 입자까지 eBook

이강영(경상대 물리교육과 교수)

누구나 한번쯤 '우주는 어디에서 시작됐을까?' '물질의 근본은 어
디일까?'와 같은 의문을 품어본 적은 있을 것이다. 물질과 에너지
의 궁극적 본질에 다가서면 다가설수록 우주의 근원을 이해하는
일도 쉬워진다고 한다. 이 책은 바로 이러한 질문들의 해답을 찾기
위해 애쓰는 물리학자들의 긴 여정을 담고 있다.

035 법의학의 세계 eBook

이윤성(서울대 법의학과 교수)

최근 드라마나 영화를 통해 일반인의 호기심을 자극하고 있지만 거
의 알려지지 않은 법의학을 소개한 책. 법의학의 여러 분야에 대
한 소개, 부검의 필요성과 절차, 사망의 원인과 종류, 사망시각 추
정과 신원확인, 교통사고와 질식사 그리고 익사와 관련된 흥미로
운 사건들을 통해 법의학에 대한 이해를 돕는다.

395 적정기술이란 무엇인가 `eBook`

김정태(적정기술재단 사무국장)

적정기술은 빈곤과 질병으로부터 싸우고 있는 전 세계의 사람들에게 희망을 안겨주는 따뜻한 기술이다. 이 책에서는 적정기술이 탄생하게 된 배경과 함께 적정기술의 역사, 정의, 개척자들을 소개함으로써 적정기술에 대한기본적인 이해를 돕고 있다. 소외된 90%를 위한기술을 통해 독자들은 세상을 바꾸는 작지만 강한 힘이란 무엇인가에 대해서 알 수 있을 것이다.

022 인체의 신비

이성주(코리아메디케어 대표)

내 자신이었으면서도 여전히 낯설었던 몸에 대한 지식을 문학, 사회학, 예술사, 철학 등을 접목시켜 이야기해 주는 책. 몸과 마음의 신비, 배에서 나는 '꼬르륵' 소리의 비밀, '키스'가 건강에 이로운 이유, 인간은 왜 언제든 '사랑'할 수 있는가에 대한 여러 학설 등 일상에서 일어나는 수수께끼를 명쾌하게 풀어 준다.

036 양자 컴퓨터 `eBook`

이순칠(한국과학기술원 물리학과 교수)

21세기 인류 문명에서 가장 중요한 요소 중의 하나로 꼽히는 양자 컴퓨터의 과학적 원리와 그 응용의 효과를 소개한 책. 물리학과 전산학 등 다양한 학문적 성과의 총합인 양자 컴퓨터에 대한 이해를 통해 미래사회의 발전상을 가늠하게 해준다. 저자는 어려운 전문용어가 아니라 일반 대중도 이해가 가능하도록 양자학을 쉽게 설명하고 있다.

214 미생물의 세계 `eBook`

이재열(경북대 생명공학부 교수)

미생물의 종류 및 미생물과 관련하여 우리 생활에서 마주칠 수 있는 여러 현상들에 대해, 알기 쉽게 풀어 설명한다. 책을 읽어나가며 독자들은 미생물들이 나름대로 형성한 그들의 세계가 인간의 그것과 다름이 없음을, 미생물도 결국은 생물이고 우리와 공생하고 있다는 사실을 알 수 있을 것이다.

375 레이첼 카슨과 침묵의 봄   `eBook`

김재호(소프트웨어 연구원)

『침묵의 봄』은 100명의 세계적 석학이 뽑은 '20세기를 움직인 10권의 책' 중 4위를 차지했다. 그 책의 저자인 레이첼 카슨 역시 「타임」이 뽑은 '20세기 중요인물 100명' 중 한 명이다. 과학적 분석력과 인문학적 감수성을 융합하여 20세기 후반 환경운동에 절대적 영향을 준 레이첼 카슨과 『침묵의 봄』에 대한 짧지만 알찬 안내서.

277 사상의학 바로 알기   `eBook`

장동민(하늘땅한의원 원장)

이 책은 사상의학이라는 단어는 알고 있지만 심리테스트 정도의 흥밋거리로 알고 있는 사람들에게 바른 상식을 알려 준다. 또한 한의학이나 사상의학을 전공하고픈 학생들의 공부에 기초적인 도움을 준다. 사상의학의 탄생과 역사에서부터 실생활에서 적용할 수 있는 간단한 사상의학의 방법들을 소개한다.

356 기술의 역사 맷돌기에서 유전자 재조합까지

송성수(부산대학교 기초교육원 교수)

우리는 기술을 단순히 사물의 단계에서 생각하기 쉽다. 하지만 기술에는 인간의 삶과 사회의 배경이 녹아들어 있다. 기술의 역사를 통해 우리는 기술과 문화, 기술과 인간의 삶을 연결시켜 생각할 수 있게 될 것이다. 이 책을 읽은 후 주변에 있는 기술을 다시 보게 되면, 그 기술이 뭔가 다른 느낌으로 다가올 것이다.

319 DNA분석과 과학수사   `eBook`

박기원(국립과학수사연구소 연구관)

범죄수사에서 유전자분석에 대한 관심이 커지고 있지만 간단하게 참고할 만한 책은 거의 없는 실정이다. 이 책은 적은 분량이지만 가능한 모든 분야와 최근의 동향을 소개하고 있다. 특히, 내용의 이해를 돕기 위하여 서래마을 영아유기사건이나 대구지하철 참사 신원조회 등 실제 사건의 감정 사례를 소개하는 데도 많은 비중을 두었다.

과학 · 기술

eBook 표시가 되어있는 도서는 전자책으로 구매가 가능합니다.

(주)살림출판사
www.sallimbooks.com
주소 경기도 파주시 문발동 522-1 | 전화 031-955-1350 | 팩스 031-955-1355